起厝人生的傳奇

郭永福的建築哲學

LITERARY TIMES
博客思出版社

著者生平簡介

郭永福

郭永福先生，永福機構創辦人。

永福機構成立於民國49年，秉持「不急於販售，先勇於嚴製」精神，經50多年來的淬練，發展至今成爲國內業績優良精緻建築的建設公司。出生於日據時代的郭永福，人生經歷豐富，除了創業，也投身公益，是板橋地區的傳奇人物，他的創業精神也是有志者效法的典範。

楔子

時光悠悠，走過了一個又一個世代
眼看咱大台北地區滄海桑田
從一望無際的水田，到如今一棟一棟的摩天高樓

人說萬丈高樓平地起
一切的建設，都從腳踏實地，一磚一瓦的蓋起來
我曾走過的時光，也像是那一棟棟豎起的樓層
老一代打下的根基，新一代乘電梯往上爬昇
然後家家戶戶　在不同的樓裡演出不同的歲月劇本

看盡人間悲歡離合，時代的歌聲，舊人落幕新人又起
從日據走入民國，從農耕世代走向工業起飛
而今網路時代，見證新的世紀，一〇一高高聳立在天際

當你看著白雲藍天下的都市繁華
可否想見，在一個世紀前同樣的天空下

一個鄉下純樸的小孩
提著小桶漫步在田梗

那時，這裡沒有任何一棟二層樓以上的屋舍
那兒沒有霓虹映襯著現代文明的光影斑薄

只有一個小小的身影
在奔忙的泥土上揮灑著汗水

而一切故事
就從那一滴滴的汗水開始……

目次

1 尋源

那是個「民國」距我們還很遙遠的時代。

不是時間上的遙遠，是地理上的遙遠。

遠在海峽對岸的事，還和我們台灣子民沒有相干。身邊週遭直接影響我們的，是日本統治下的生活。在日子的計算下，我們當時都稱昭和，尚未稱民國。

我是昭和九年出生，換算成現代的稱法，是叫民國二十三年。我那時是板橋郭家在台灣的第五代。家中有八男七女，我排行第十四，下面只有一個妹妹。

昭和十三年（民國二十七年），我五歲的時候，母親就過世了，只剩父親，他父兼母職。

然而，在昭和二十（民國三十四年），也就是我才要滿十二歲時，連父親也過世了。

在日本統治下的台灣，我真正地成了一個孤兒，在那個困苦的年代裡，我才十二歲，就要面對著生活的磨難，在艱困中找尋生計。

而時序以民國來說，來到了民國三十四年，彼時橫在未來的情況是，侵略中國的日本人在二戰中被打敗了，之後台灣「光復」，我們要重回「祖國懷抱」了。那是個雖有勝利，但沒有太多喜悅的年代，舊的文化即將離去，新的、回歸祖國的文化，還有待適應。那是個國際局勢混亂，風雲詭譎，世局紛亂像走馬燈的時代。

少年時期

而對我來說，那是個失去父母，昏天暗地，心中只有悲傷，看不到希望的時代。但日子仍要過，當時仍是遍地的稻田，尚在讀小學的我，投奔大哥，走向未知的新生活。

一、赤腳人生

現代小朋友，因爲家人搬家的因素，有時候會轉學，從一個環境換到另一個新環境。這對小朋友們來說，應該是一種生活上的大轉變。會有著適應的問題。但在我那個年代，我不只經過地理上的搬遷，實際上，我還經過「文化」上的搬遷，在我國小四年級時，我們台灣，一下子從日本統治，變成回歸中國人統治，上課的語言都要換掉，那才是更大的變遷。

話說從頭。

昭和十七年（民國三十一年），我是個小學生，我家住在板橋，更細的地名叫枋橋，就是現在板橋捷運府中站的位置。我一到四年級，唸的是板橋公學校。當時日本人和台

在板橋公學校時的畢業照

灣人，讀的是不同的學校。日本人唸的是小學校，台灣人唸的是公學校。以我所住的板橋地區來說，日本小學生唸的是板橋小學校，至於像我一樣的台灣小孩，在板橋那一整片地方，當時只有三所公學校，分別是板橋公學校、江子翠公學校、以及沙崙公學校。

顧名思義，板橋公學校，是位在板橋。

也許有人會說，廢話，板橋公學校當然在板橋。不過，我要強調的，在那個年代，行政地理的畫分是和現在不一樣的，彼時，連最熱鬧的台北市，也都大部份是稻田，更何況是當時的枋橋區域，絕對沒有像現在一棟棟的樓房，連平房也都是一個個的聚落。就好像當時，枋橋就是一個聚落的概念，新埔是一個聚落，而江子翠又是另一個聚落，而在聚落和聚落間，就是田野，就是鄉間小路。

在我父親尚未過世時，我是住在板橋聚落，也因此，我理所當然地是就讀板橋公學校。但後來父親過世，我成了孤兒，爲了生存，我必須投靠大哥。他們家住在江子翠聚落，所以我的身家就落腳在江子翠。

雖然住在江子翠，但我的學籍還是在枋橋，也因此，我必須每天通勤上下學。

現代人所謂的通勤，就是搭公車，搭捷運，頂多搭個火車。坐個一個兩小時車就算很久了。但我那個年代，哪有什麼車，所謂通勤，就是靠自己的一雙腿。走在石子路，走在田梗路，清早就起床，自己一個人走過田野，從現在的大約江子翠捷運站這個地方，

從日據時期木造的板橋火車站（吳基瑞先生提供）

板橋舊火車站（記者黃其豪攝）

沿著板橋文化路走，古早時代枋橋，也就是舊板橋火車站（枋橋）那邊，以現在來說，就是捷運府中站。

不但走路，並且還是赤腳走路。在那個年代，我還是有鞋子的，只是我都捨不得穿，而所謂鞋子，也不是什麼了不起的皮鞋或布鞋，只是一雙橡膠鞋。

那條路就是現在的文化路，古早時代只有五六米寬，並且是石子路。就這樣，我赤腳上學，從國小四年級走到六年級，之後升初中，到現在的萬華念書，也是這樣的走。

那時代偶爾會要去萬華辦事或找親戚（我二哥住在那），因爲隔著一條新店溪，要從江子翠去台北市的主要交通工具就是渡船。如果走陸路，當時只有一座橋，就是現在的光復橋，當時叫做昭和橋，不過現在的橋是重建過的，當時則是座鋼纜橋。由於是要繞遠路，若趕時間的話不適合，但多半時間，爲了省擺渡的錢，人們還是會選擇走一大段路，花兩個多小時，過橋去台北。

提起交通工具，當時從板橋到土城，還有一種交通工具，現在只有在一些風景名勝才看得到的，叫做輕便車。那種車，底下還是有軌道，順著軌道而行，沿路招人，如果有人要搭便車，那一輛車大概可搭五六個人。現在已經沒有軌道，那路徑相當於現在從長江路到土城的那段。

不過大部份的時候，人們還是用雙腿走路。

二、人間美味

上下學，其實不只是個學校與家裡往返的過程，也是個找食物的過程。

現在想想，那段日子其實也很值得回味，黃昏的時刻，夕陽西斜，大地一片燦爛。我們小小的心靈，一方面天真地呼吸著田野的芬芳，一方面也不忘自己身負任務，要爲家計盡一份心，那就是要在田裡採田螺以及一種類似田貝的東西，爲家裡加菜。在那個年代，家家戶戶都是自己種自己吃，所以我們家裡也是有種菜，而在以素菜爲主食的三餐當中，我們抓回來的田螺就算是額外的美味了。

在我父親還在的時候，他會要我周六日的時候，去水溝裡摸蜆。我手中就拿著桶子，那時代，我隨便拿桶子往溝裡一撈，一提起桶子，裡頭就有好多蜆，差不多忙一個小時就可豐收，夠提一桶蜆回家，讓家人有一頓好吃。

那時代就是那麼的省。家家戶戶自己種菜，會選擇在水溝旁邊，因爲方便澆水。每戶人家都是自給自足。我們家種的是茭白筍，喫飯就是自己去自家菜園拔菜。

我記得很清楚，當時不只窮人會節儉，就算家境好的人，也是會節儉，因爲大環境使然。影響所及，即使過了幾十年，到今天，我還是會有個觀念，生活夠用就好了，衣服可以穿就好，不會奢侈再去買太多。

還記得我們帶的便當，人人看來都差不多，就是白飯加一些菜脯，最常見的配料就是蕃薯。其實，因爲蕃薯比白米飯便宜，因此飯裡頭都會多放些蕃薯，我還記得小時候，我會偷偷地去把蕃薯拿掉，看可不可以因此多點白飯，不像現代小朋友，不論白飯或蕃薯都很不愛吃。

提起便當，還想起一件事。那就是小學遠足。

記住，是遠足喔！不是旅行，也不是郊遊。所謂遠足，顧名思義，就是靠一雙腿，走很「遠」很「遠」，這就是遠足。

我們那時的遠足，就是從板橋國小，一路走到中和，大約是現在的民族路一帶。那兒以前有個神社，現在已經沒有了，我們就是由老師帶隊，小朋友興高采烈地走啊走的，走到神社那就大約中午了，然後大家打開便當，邊吃邊聊天，之後再順原路一路走回來，結束一天快樂的遠足。有時，我們會拿到金柑糖，甜甜的，一路嚼，看著路旁的綠野花香，整個人輕飄飄的，是種現代想起來，難以取代的快樂。

那個年代，因爲是日本統治，所以比較大的觀光點就是神社，像現在圓山那邊也還有一個神社，已經變成古蹟了。而我們走的民族路，現在已經拓寬，可以行車，當時卻只是四米寬的道路。

而走在路上也不用擔心什麼車，要說車，就頂多只有牛車，以及三輪車了。在那個年代，能夠坐三輪車，已經是很有錢的人了。當然有些特殊狀況，像醫生出診，要趕時間也要搭三輪車。我二哥就是個醫生，那時他有一半的時間，是外出看診，不像現代，大家都去醫院「看醫生」，那時經常是醫生要直接跑去病人家。

總之，在我小時候，生活很單純。那時小朋友最大的快樂，就是遠足啦！或是有節日可以請客。那年代，是很難得吃到肉的，只有逢初一、十五這類的日子當做醮或拜拜時，才有好吃的，會加一些鹹魚及雞肉等。

平常吃什麼呢？像我後來投靠大哥家，那年代，鴨蛋比較多，反而雞蛋較少。（因爲雞蛋的用途，主要是孵成小雞，經濟作用比較大）。大嫂會將鴨蛋煮成菜脯蛋，然後切成兩塊，一塊給我，一塊給她的小孩帶便當。整個便當，就是白飯加上一個菜脯蛋，就只能扒幾口白飯，咬幾口蛋。我就這樣從小學吃到中學，吃了好幾年。

那時就是那麼克難，幾年都如此，哪像現在小孩，每天大魚大肉，還在嫌東嫌西，偏食不愛吃。我平常會省吃儉用，若有存點錢，就能去市集買一碗米粉湯，配兩塊油豆腐，我記得很清楚，要一塊錢。那時代攤販只有車站一帶有，不是到處都有，要吃小吃也是要專程去到較熱鬧的市集。

除了在市集外，何時有機會可以吃到好料的。除了特殊日子外，有時候去拜訪親戚，像拜訪爸的大姐，也會有炒米粉，還有一隻雞腿可以吃，那已是很大的美食，若再配上那時候有一種彈珠汽水，那就是人間美味了。

至於平常日子，要加菜，就是靠我們動手勞動囉！

三、學校時光

在日據時代，有所謂「國語家庭」，當一個家裡的每個成員都會講日文，那個家庭就會被視爲國語家庭，平常日子就會有優惠。那時候要申請國語家庭，就是全家人要去接受官員問問題，他們會問些家常的應答，你就要用日語清楚回答，全家人都過關，那就可成爲國語家庭。

我家那時是國語家庭，在貧苦時光中，也因此偶爾可以多一些醬油、麵粉、麥片、麵包等，還有一些生活物品什麼的，添補生活中的不足。就是比一般家庭可以多一些配給。另外，那時候在打戰，當日本出征，若打了勝戰，也會給我們國語家庭額外的配給，像當時日本在新加坡（也就是所謂的南洋戰場）打贏時，我們就有大塊的鹹光餅可吃。

在日據時代和光復時代交會那時候，說是苦中作樂也好，說是童言無忌也好。以當時我們小學生的眼光來看，生活也是有著趣味的。

其中一大趣味，現代人聽來可能不信，那就是躲空襲警報。

畢竟小孩子都愛玩，上課實在太無聊了。但一碰到空襲警報的聲音響起，大家就要趕快躲到防空壕。那個時代，家家戶戶都要挖防空壕，有錢一點的，會用木頭加強土洞的堅固度，更有錢的還會用磚塊補強，一般窮苦百姓，就是挖個洞，用簡單的木作將防空壕架構一下。

不論哪種防空壕，反正我們小孩子就會趁那個時間「串門子」，我去你家防空壕拜訪，你到我家防空壕探查。小孩子在一起能幹嘛！還不就是在一起玩。

我們會在防空壕裡丟骰子，玩紙牌。一有空襲，就是不用上課的快樂時光。

我們之所以敢那麼囂張，也是因爲我們的所在地，並不是重要的城市或軍事要地，板橋在那時，也不過是田畝裡的一個聚落，飛機要炸也不會炸到那，都飛去台北市了。我們在板橋從來都是很安全的。

當時我還親眼看過，有美軍的軍機被擊落，人員跳傘下來，被日軍抓走。後來怎樣我就不知道了。

當然，其實戰爭的背後是很苦的，小孩在玩，大人卻要冒著生命危險。像我爸爸當年也是出征南洋去做苦力，把身體操壞了，回台灣沒多久，就過世了。

另一件有趣的事，是在台灣光復後，那就是上課時聽老師講課。

原本在日據時代，老師們上課都是用日文講課，現在台灣光復了，不能再講日文，但要那些老師突然改成講北京話，也是不可能的。結果，所有的老師，爲了學北京話，ㄅㄆㄇ這些的，就得夜晚補習。

然後好笑的，第二天就把前一晚補習的內容，照本宣科，用不標準的國語教大家。這真的很有趣。

當然，只有國文課、歷史課這類的以國語（北京話）爲主。像算術課，就仍是用日語爲主，當然也要穿雜一些北京話，否則就根本無法上課了。

後來我考進日本時代之台北中學（就是光復後的泰北中學），那時我的交通工具，變成了火車，我會先乘縱貫線鐵路，一路到台北，然後在後火車站那兒換乘北淡線，在那年代從台北到淡水還有鐵路，現在則已經變成捷運了。我每天搭火車到士林一帶（約當現在的士林路），再走路去學校。彼時，當然沒什麼士林夜市，現在的士林很熱鬧，在那時卻根本沒什麼房子，很荒涼。我就這樣每天搭火車及走路上下學。

郭永福的母校——泰北中學

當年泰北中學校園一景

我還記得，那年代穿的內衣褲，經常就是麵粉袋，屁股上還印著中美合作的字眼呢！由於一般的白布比較貴，麵粉袋比較便宜，所以家人就會把麵粉袋用裁縫車裁成內褲給我穿，甚至我還穿過裝咖啡豆的麻袋，那時是當外套穿，可遮雨。

現代人聽起來很不可思議，但那就是我們當時的生活，而我現在回味起來也挺有意思的。

不過，美援時代（約當民國三十九年到民國五〇年），那時透過美國提供給台灣的小麥；麵粉、黃豆、牛油、椰子油等等，的確對後來台灣經濟起飛有幫助，像是食品工業、紡織業還有化工業等等，那是後話了。

四、年輕歲月

從中學畢業一直到當兵、以及退伍那段時光，我大部份日子仍是在大台北範圍，生活很單純。就是努力做事。

畢業後我去大哥的工廠做事，他開了一間肥皂廠。我就去幫忙，做的事，像是去銀行寄錢、去政府單位領東西等等雜務，還有在工廠幫忙做工。那時是民國三十九年，之後到了民國四十一年，大哥又開了一間甘油廠，就指派我和五哥去經營，替大哥管理工廠。

那時的時代背景，韓戰於民國三十九年爆發，彼時也是美援開始、台灣到處看得到美軍的年代。那時甘油廠生意非常好，因爲戰爭帶來大量的需求，我們將甘油源源不絕地供應到韓國，工廠很賺錢。

我記得那個年代的薪水大約是二百五十（元／月），因我們投靠在大哥家，算是幫大哥做事，並沒有支領薪酬，只有三不五時大哥會給我一點零用錢。那時我就是乖乖的，每天工作，也沒什麼周休二日，只有每月第二和第四個周日有休息。我雖是在所謂最愛玩的十七八歲，但我卻沒有去想東想西，像現代年輕人那樣瘋玩，我就是很守本份地，勤懇做事。

那時仍是農業社會，百分之七八十的百姓還是從事農作爲主，比較上，大哥開工廠已經算生活比較好了。大哥那時買了一台日本製的「腳踏車」（日文發音，現在叫作自行車）給我，方便我去辦各種雜務，從這個時代開始，我才有「自己」的交通工具。我就這樣騎腳踏車，騎到民國四十四年去當兵爲止。

說起當兵，我是民國四十四年六月去當兵，民國四十五年十一月退伍的。

我只服一年四個月的兵役，或許你會奇怪，怎麼只有一年四個月，其實那個年代本

這是當時大哥買給我辦事用的腳踏車，那是日本製的腳踏車。

當兵前留影，當時是在大哥所開的大昌化工肥皂廠幫忙。

來就政策很亂，每個入伍梯次不同，當兵的時間長度也會不同，當的兵有的是兩年，有的是三年（例如空軍）。我是因爲去通訊學校受訓，所以屬於通訊兵編制，就是一年四個月。

我的當兵歲月算很輕鬆，也很幸運的。那時代，當兵的人，約有三分之一的兵沒唸過書，三分之一只有小學畢業程度，剩下那三分之一，就是像我這樣學歷唸到中學以上的，當然也有唸到大學的，那就很少了。那時代，還是很多沒唸過書的人。

我當時是分配到通訊兵，訓練基地是在景美。之後分配到台中，在當時，台北房子就已經很少了，更何況台中，那時也是石子路爲主，只有台中火車站周邊一兩條路是柏油路。

在當兵時，碰到一個機緣，上級在召募駕駛兵，那時大家都很愛當駕駛，有一千多個人要去報名考駕駛，搶很有限的名額，我也是其中一個。人那麼多，當然就要考試，錄取率只有不到五分之一，後來總共錄取了兩百人，我就是其中一個。之後就被調去陸軍運輸學校。在學校受過訓練後，接著便要考駕照，除了筆試，也要考路考，結果，去的兩百人，只有六、七十個人通過考試，其餘沒中的兵得回歸原單位編制。而我就是那最後過關的六、七十人之一。從此我就擔任通訊駕駛兵，一直到退伍。

我那時當兵真的很幸運，當了運輸兵的我，在台中主要的業務就是開車，那個年代，民國四十四年時候，我就已經在台中市可以開吉普車，可以在市街招搖，以現在話語來說那是非常「酷」的事。當時大家當兵都很操，我卻非常涼（台語，很輕鬆的意思），可以開吉普車，並且一路開到退伍，其實扣掉受訓那好幾個月的時間，我真正當兵的時間就更少了，幾乎只剩一半時間在當兵。

在那個年代，我算是比其它阿兵哥更有機會見識世面，像那時候就可以接觸到美軍，我看到美國大兵，真的好羨慕，由於是美援時期，所以台灣有很多美軍顧問，他們的生活和台灣人迴然不同，我看他們平常就吃好料的，穿帥帥的，在那邊聽載波台（就是現代的無線電）。

提起當兵，要說的故事就很多，這裡只提幾件。

我在當兵時一直遇到貴人，當兵當得比其它人輕鬆，像那時，每周有「面會」（現在叫做探親），每到面會時，連長就會指定我做招待，可能因爲我比較有社會經驗，應對進退比較不會失禮。當招待非常的好康，每週都有好吃的可以享用，因爲家長看到我，都會說來來來，這個請你吃，然後我就能吃好料的，例如有住基隆的，會拿小卷給我吃，那個時代那是很高級的食品，我都吃得到。

另外我也被指定爲伙食委員，那是個要監督廚房的工作，我有權可以糾正伙食兵。每次伙食兵看到我都畢恭畢敬，都來討好我，拿一大塊豬肉要給我吃。但我做事有我的原則，我告訴他們，我不接受那種賄賂，因為我若多吃了一塊肉，那是不是代表其它弟兄可以吃的變少了，我不做這種事。我誠心的和伙食兵們說，你們真的不用討好我，不用巴結我，好好用心煮食就好，我不會因得不到好處就打小報告。也因此阿兵哥們也很尊重我。

還有，我碰到對我很好的營長，身為駕駛兵，我要負責當營長的司機。但那位掛著兩顆梅花的營長，總是很體諒我，車子開出營區，來到都會如台中、新竹時，他就會請我吃好料的、喝涼的或吃碗貢丸湯等等，並且，營長擔心我勞累，還會對我說，他自己開車就好，但叫一個中校載一個小兵，那成何體統？不能被看到，所以當他開車時，他就叫我坐到後座躲起來。

當時，營長每月需回台北本部開會，下班後我再送他回家（營長住在台北沅陵街）。我開車載他回家後，他就讓我自由活動，表面上是「待命」，實際上是變相休假，我那時就會把吉普車開回甘油廠，然後門一關，車子藏裡面，我也就休假了。隔天再載營長去台北本部開會。

想想，我當兵時代真的比工作時輕鬆，不但可以開車，吃好料，還休假休得比別人多，就這樣直到退伍。

這些都是我年少時代的回憶。

當兵與同袍合影

當駕駛兵時期

四十四年六月十八日入伍

四十四年九月三日 軍人節和同袍合影

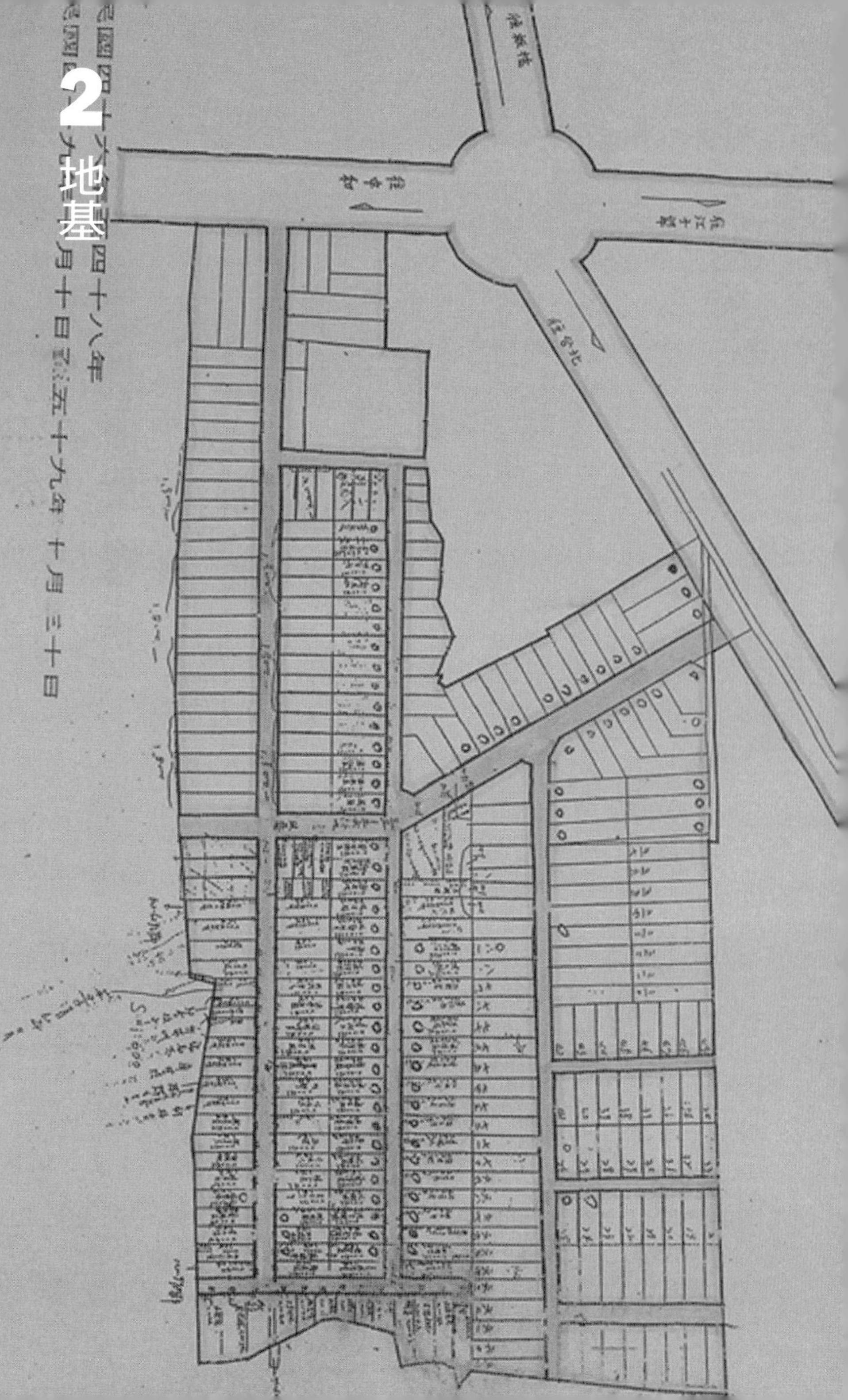

2 地基

一、開始用老闆的角度思維

當兵那段歲月，非常的有意思，可以說是我人生一段和事業無關的歷程，而當一退伍，我就進入社會這個戰場，要開始為生活打拚，為開創新的明天而努力。

我退伍那年是民國四十五年，那個年代仍是農業社會，整個國家經濟都尚在起步階段，什麼都很克難。也不會有太多外出的工作機會，當時務農做工的還是占大部份。我因自己的大哥有在開大昌化工廠，原本我當兵前就在大哥的肥皂廠幫忙，現在一退伍後，也是回那裡。

我真正人生的事業歷練，就是從那年我二十三歲開始的。

起先在肥皂廠幫忙，後來大哥把肥皂廠的相關企業甘油廠，移交給我和五哥經營，從那時開始，我就學著當老闆。其實說起這個甘油廠，一開始是大哥開的，其源自父親當初有留一塊地給我和老五老六，後來大哥就用那個甘油廠和我們交換。

要知道，那是一種心境上的轉變，以前我是人家的夥計，雖然老闆是我大哥，但我還是個夥計。但接了甘油廠，那就不同了，要負成敗責任，要用老闆的思維來想事情。

當初我剛接掌的時候，就單純地想接下營運工作，然後好好做就是了。但實際去做，

民國四十一年 - 大昌化工廠（位置在現在台北大理街）

民國四〇年代大哥的大昌化工萬華肥皂工廠之辦公室
（位在台北市大理街）

才會發現，不是說單純的你想好好做就好了。做生意，有很多的學問的。舉個例子，工廠營運最大的問題是什麼，現在問人們，人們一定說，最大問題應該是如何接到單子生產吧！不過在我那年代，剛好相反，我們工廠不怕沒單子，因爲那時剛好碰到韓戰，甘油是炸彈的原料，需求是很多的，工廠根本不擔心沒生意做，但我們在煩惱的，反而是沒有原料。我們做甘油的原料，和肥皂廠有密切關係，需求量很大，光靠大哥的肥皂廠供應遠遠不夠，但要其它肥皂廠供貨，人家爲何要給我們，所以那時才知道，公關非常的重要。我從那時起，才懂得爲了要取得原料，要去一個個拜訪肥皂廠，建立關係，要去做業務，去和對方溝通，說服他們供貨，還要時時和他們維繫良好的聯結，所有的這一切，都是做生意的基礎。

開工廠還有什麼問題？問題可多了。

當夥計聽命令做事就好，但當你是老闆，那就每個環節都讓你頭痛。像我們做甘油，那可不是隨隨便便的產品，甘油是有危險性的，是有安全問題的化工產品，我本身又不是學化工的，所以技術部份就要請專業顧問，工廠營運有什麼疑慮，也都要事事請教。

此外，工廠營運還要注意什麼環節？簡單說，每個部門的問題，都是你的問題。現在我們開一家公司，不是有很多部門嗎？有業務部，有管理部，有會計部等等。但在那時，我們爲了省錢，這些很多原本該由各部門做的事，當時都要我們自己來做。於是乎，我既要管理工廠營運、調派工人做事，也要去外面跑外務，做連絡溝通，很多做勞力的事也親自下海，連帳目也是我自己管。有句俗諺：「校長兼撞鐘」，我當時就是這樣的人。

我當時節儉到爲了省運費，自己下海當搬運工去運。

當時板車有個專有名詞，叫做梨阿卡。那時代日據時代也才剛結束，交接也還在進行中，所以生活中，很多用語都還是日本化，犁阿卡就是日語發音中譯的講法，那是一種人力拉的兩輪車。

當時肥皂廠大部份都在萬華後火車站那一帶，如果我們請一個勞工來載運，那一趟載原料推車到板橋，費用是十元，在那年代，肯出賣勞力的人其實工資是相對高的，不像現代，賣勞力的可能收入沒麼高，在那時代，苦力的收入可是比所謂「上班」的人高的。如果一個人有辦法一天走三趟，那一天就有三十元的收入。一個月就九百元，那可是很高的金額，因爲那時以我們工廠爲例，工人的月薪是兩百五十元左右，可見苦力收入是相對高的。

爲了省那筆錢，我於是經常親自去運原料，所謂原料，那不是開玩笑的，真的很重，甘油原料是用類似石油桶那樣的桶子裝著，每桶容量是五十三加崙，一輛手推三輪車，頂多只能放兩桶，這兩桶加起來重量是一兩百公斤，我們沒有什麼機器動力，就靠雙手雙腳推著車，爲了省一筆苦力費，我自己整理了一輛簡單的三輪車，和一個廠內的工人一組，他站車上扶桶子，我自己推車，一路從萬華後火車站，經西園路，爬上光復橋，最後要推到埔墘，你想想，這段路，光是不拿東西純散步就要走很遠，何況我是推著一兩百公斤的原料。

但就是爲了省那十元，我寧願自己運，那時代，我就是開始處處以老闆的思維想事情，想怎樣營運，想怎樣省錢。在白天除了忙廠務，還得花時間親自去載運原料，到了晚上也不得休息，因爲工廠運作是二十四小時不停運轉，晚上還得在工廠看守。

二、大小通包，一年到頭忙

後來身爲甘油廠的老闆，我和五哥兩人一起忙，他主要是負責內務，我則是大小事情通包，跑外面管帳都屬我的工作。

現代人上班，依勞基法的規定基本上是一天工作八小時，我那年代，哪有分什麼一

民國 44 年的大昌甘油廠（位在埔墘 102 號），以及犁阿卡

天幾小時，當老闆就是要讓工廠好好的營運，工廠有在營運的時候，你就要在。

那工廠一天營運幾小時呢？答案是二十四小時。

會讓工廠日夜不停運轉，主因不是因爲要搶時間多賺錢，實際的原因，是因爲甘油的性質。前面說過，甘油的原料來源是肥皂，但所謂原料，不是一運過來，處理一下就變甘油，哪有那麼簡單？從肥皂廠來的原料，還要經過很複雜的化工程序，才能產生甘油。牽涉到工業製程的，我這裡不敘述細節，但簡單說，就是肥皂廠的原料，要經過機器，以高壓蒸餾等方式來抽乾萃取，一堆的原料，可能只能萃取一點點的甘油，這過程都是要靠精密的器械。那個流程是非常的複雜，一點都馬虎不得的。並且，機器從開機，中間要熱機，要等沸騰點等等，如果機器是從靜止狀態啓動到最後開始取得甘油，這過程要整整四個小時。你想想，若我們早上八點一上班就開機，也要等中午，才會滴下第一滴甘油，要累積至五十三加崙，才能裝桶去賣。因此我們機器都是二十四小時不能關的，而不論白天黑夜，機器旁邊也都要有人守著，所以才說我們一天是工作二十四小時。

說起這個甘油，其實不只是炸藥的原料，他還有其它用途，例如，女人用的面霜，裡頭就有甘油，就是因爲甘油的成份，所以面霜才會「油油」的，但當然在那個年代，甘油最大量還是做爲炸藥的原料。那年代，我自己營運工廠，什麼都得懂，不懂就要去問，包括怎樣生產，怎樣取得原料，也包括怎樣做貿易，畢竟我們生產的東西主要是外銷的。所以我在那年代，也開始讓自己「國際化」。

當時台灣還在美援時期，而成爲貿易大國，那已是很後面的事，當時什麼都剛在起步，政府也正鼓勵出口，那時政策規定，只要一家公司出口達美金五萬，就發給一支貿易牌。我很積極地提出申請，後來分家後，究竟有沒有核發下來，就不清楚了。那年代做貿易是要牌照的，一支貿易牌的行情可喊到二十萬。

我又要做廠務，又要做業務，又要做勞務，每天非常忙。所謂「每天」，在四〇年代，那時的社會，農夫當然沒有什麼平日假日，至於我們這種在工廠工作的人，一個月的假日只有兩天，那就是每月第二週和第四周的禮拜天。全台灣都這樣。

相較於現代，在勞基法之保障下，員工有週休二日加國定假日，還要加年假，或者身體不舒服就電話請假不上班，這在我們那年代都是天方夜譚。至於現代三天兩頭就有什麼勞工抗議，這在我們那時聽都沒聽過的，那時大家都是爲了生活，一年到頭就是打拚、打拚、打拚。

對我來說，要忙生產的事，要忙外務和廠商打關係，要做貿易等等，已經夠忙的了，但我還有一個很重要的工作，那就是記帳，那時我們沒請會計，做帳的事就是我的事，我又不是學商的，我怎麼懂，不懂，就靠用問的，當時我姐夫剛好也家住我們工廠附近，我就經常拿著帳簿和各種憑證去請教他，他就這樣一件一件教我，像跑稅捐處，跑銀行，都我自己一個人來。

現代人很難想像，那是怎樣的一種忙法，我忙到每天都消耗很多體力，所以那時我一餐可以吃四碗飯，就差不多四個便當那麼多的份量，看起來像大胃王，可是我的體重只有六十公斤，算偏瘦的，因爲每天消耗的熱量太大，要胖也不胖不起來。

而且爲了省錢，我們即便熱得全身是汗，卻連電風扇也捨不得買，更別說什麼電冰箱，各種現代所謂的3C用品等，都不敢買。在那年代，很多機器已經發明了，電冰箱主要是進口，但電風扇台灣可自行生產，那時就已經有大同企業了，至於收音機當然也有，多半是日本進口的。

現在若有人家裡還有這些機器，那可是古董了。

在和五哥經營甘油廠之同時，大哥於民國四十六年正籌劃蓋一批鋼筋水泥房，我幫忙大哥叫工人、鋼筋、水泥等，也負責監工。我太太送訂後，也幫忙記工地的帳，直到分家。

肥皂模

肥皂放在架上

民國四十六年（農曆 12 月 12 日迎郭子儀老祖），
隊伍經過大昌化工廠前。（之一）

民國四十六年（農曆 12 月 12 日迎郭子儀老祖），
隊伍經過大昌化工廠前。（之二）

三、事業發展的第一個打擊

時序走到民國四十八年。

那時，我和五哥共同經營甘油廠已經三年了，我於民國四十七年初結婚，同年末我的長子出生。我和五哥他們一家人，一起住在工廠旁的一間房子裡，兩家共同生活。

就在那年，發生了我人生中第一件晴天霹靂般的事業打擊。我從原本負責一家公司的老闆，突然間變成沒有工作的失業者。

事情緣由於家族分家。

當初兩家人住在同一屋簷下，兩個人共同經營工廠。人各有想法，久了難免有理念上不一致的問題。於是，五哥他們想和我分家，想自立門戶。

分家，牽涉到的最大問題，就是工廠歸誰所有，我們那時言明，以抽籤的方法決定，兩支籤，一支籤是取得工廠營運權，而由於房子是和工廠一起的，所以誰抽到那隻籤，就同時擁有工廠和房子。相反地，抽到另一個籤的，就是取得其它部份，所謂其它部份，就是剩餘的土地。當初甘油廠這塊地，包含了一大片空地，以及蓋有廠房的土地，沒抽到廠房的，得到的就是那片空地。

命運是殘酷的，而人情更是現實。

那歷史性的一刻，我永遠都不會忘記，因爲那次的事件，帶給我之後永難忘懷的兩年困苦人生，但也因爲那樣的困苦，造就了日後我的事業發達。

就在那一天，在大哥以及族中長輩三叔等人的見證下，我和五哥抽籤，結果，答案揭曉，我沒抽中廠房，我是必須要離開的那個人。

當時言明，沒抽到廠房的人，限期一個月內，要搬離那棟房子。

我和我的家人黯然離開我辛苦打拼、沒日沒夜工作建立起來的甘油廠事業，當年用心付出，如今卻需整個退出，把三年來辛苦打拼工作的果實，全部轉給五哥，我們一家三口連住的地方都沒有，被迫離開我事業的地盤。

那真的是很大的打擊。各位可以想想，我原本全部心力、全部學習，都投入的一個事業，就這樣突然沒了，我不但立刻失業，並且我也沒其它的工作經驗。在那個年代，整個社會還很克難，產業也不發達，我一下子怎樣能找到工作？沒有工作，我要靠什麼養活我的家人啊？

更慘的是，我連住的地方都沒有，我自己小孩也還很小，那時沒有房子，我和家人流離失所。開始流浪漂泊的生活。

在分家前，原本居住的房子

我一個四哥，暫時可以讓我借住。他住在萬華三水街一帶，他有間兩層樓半的房子，說兩層樓半，因爲在頂樓有加蓋，那其實也不算房間，只是一間類似倉庫的地方。我和我的妻小，就委身在那裡。

那地方有多小？小到只能放一張床，只能睡覺其餘東西都沒法放。乃至於我自己的衣櫥，必須放在樓下。每天起床後，要拿衣服，還得跑兩層去一樓拿，在屋頂煮飯時，因炊煙的關係，頂加那邊一團的煙，弄得人眼淚直流，非常狼狽，根本不能住，其餘的生活機能，要用餐、要洗澡、要如廁都很不方便，必須打擾到四哥。

曾經是一家工廠的老闆，現在卻只能和家人三個人擠一張窄床，甚至後來大女兒也出生了，那真的情何以堪。

那是我人生最黑暗的時刻，沒厝、沒工作，看不到未來，生命一片慘淡。

四、那段困頓的時光

發生問題，還是要解決，那個年代，我雖碰到人生最大的挫折，但爲了妻小，我還是要設法突破。

首先，寄人籬下的日子，真的要趕快擺脫，那種連基本生活機能都做不到的住處，是必須先離開的。

好在，後來我連絡到三姐，她在板橋有一間房子，暫時是空著的，她就讓我先搬去她那個房子住，我終於暫時脫離住的困境。

住的問題暫時解決了，但工作仍沒有著落。

爲了一家子的生計，我必須趕快想出方法。

要說我的工作經驗，其實怎麼說，都還是和肥皂脫離不了關係，因此，我要找工作，就跑去肥皂廠。很尷尬的，以前我是工廠老闆，他們都是我的供貨商，現在我反過來要去和他們求個工作，情何以堪，但更慘的，即便這樣，我還是找不到工作，因爲，我自己的大哥，就是台灣第四大肥皂廠的老闆，他的弟弟卻要去別人的工廠上班，他們怎麼看都不適合。

實在找不到工廠工作，我只好去做當時最容易找到的工作，那就是做工人。

我這個人做事是很努力很勤懇的，誰聘到我，本來都是好事。但問題在於，我的專長，不是做工人，那不但以體力爲主，並且各種施工都有些勞力竅門，我不是做工人的料，雖然每天和別人一樣，流汗賣力工作，但做出來的成果就是差人一大截，而因爲大家的工資都是同樣的，於是就難免會有人講話，說這個郭先生，做的成果比人家少，卻也來拿和人家一樣的錢，好像指控我是偷雞摸狗的人，士可忍孰不可忍，做人要有志氣，我不願接受這種侮辱，最後，我也只得又黯然離開。

那真的是我最黑暗的歲月，每天都在為生計及未來發愁。我身上是有以前的存款，但我的個性不喜歡拿我以前的錢來用，我寧可把錢保存好。至於我的生計　我寧願靠現在去賺，而不要坐吃山空。

當初分家時，我是有分到土地，那筆土地大約有二千四百坪。但土地就是土地，不能吃，也不能帶來收入。若要賣，當時的地價，一坪才不到一百元，非常的廉價，我也不願意賣掉土地。

我心中有個理念，一股拚勁，我就是不要動老本，我告訴自己，上天給我這樣的磨練，我就是要自己打拚，走出一條路來。

那是我的一種信念，「我一定得成功」的強烈信念。這種信念也影響我以後人生的價值觀，到了我後來人生發達了，比較有錢了，我也一樣稟持著，有多少錢做多少事，不動用老本的保守個性。

好了，現在去上班人家不聘用，要去做工，自己不是那塊料。那我該做什麼呢？我在工廠的時代，擁有的經驗，除了經營甘油廠外，還有一個經驗，那就是商業交易。好吧！那我就從商，買賣東西。

於是我就去賣米。

那時米的買賣，當然不像現在是去超市買米。那時的米，就是有大盤去批米，然後批發給小盤商，去各自的地域裡賣，我就是那小盤商，先是去找大盤批米，然後再轉手去賣給住家。

說是賣米，那也是很辛苦的，米不是批來就好，我還必須自己挑米，把石頭雜質挑出來，讓米純淨後，我要家家戶戶去推銷，挨家挨戶的問需不需要米。初期也是要找朋友，然後再靠朋友介紹，反正住戶每家都需要吃飯，都需要米，只是跟誰買的問題。

我還記得當時我就是騎著腳踏車去送米，每當家裡電話響起，說哪裡哪裡需要多少米，我就載著米送過去，那時叫米就三種規格，不是二十斤，就是三十斤，再不然就是有比較大戶人會叫五十斤。就這三種。

靠著賣米，我有賺錢了，但有收入不代表生計夠用。因爲會跟我叫米的客戶有限，賺的是差價的零頭，實在很少，單靠賣米，不夠生活。後來我跟我太太商量，她負責顧店，接電話，我則利用白天時間再找一個工作，因爲米賣久了，我們已經知道，叫米送米的時間就大約是每天的四五點，主婦準備作飯的時間。那白天其它時間，例如中午等

當時銀行的工作情形

在這裡認識我的妻子

等，我還可以做其它事。

我就繼續做其他買賣，這回批的是肥皂。

我也是挨家挨戶去推銷肥皂，那時仍是農業社會，像板橋就是一大片的田，中間有一個個住宅的聚落，我就一個個區去跑，去推銷。一天走上個十幾二十公里，一整天辛苦下來，平均大約一天可以賣一箱肥皂。

我就是這樣，白天辛苦去推銷肥皂，下午時去送米，挨家挨戶的去推銷販售肥皂加米，合起來一個月收入大約區區兩百五十元，比當時工廠工人還少，但勉強可以過日子。

我和妻子，就這樣不動老本，刻苦的生活著。

那是我人生一段灰黯的歲月。

五、國慶日，正式投入營建業

提起我的太太，我是很感念她的。那段艱辛的歲月，她無怨無悔的陪著我。

就連我後來人生的大轉機，也多虧她。

話說我和妻子的認識，是在我經營甘油廠的那年代。彼時，我也負責工廠的財務，要跑銀行。當時所謂的銀行，全台灣就那幾家，那時代銀行不多，存款利息也高，在銀行工作算是很不錯的行業。

那時的台灣銀行相當於現代的中央銀行，是可以印鈔票的，但比較和民間沒直接往來，台灣銀行主要是幫公家編預算以及處理很大型企業的帳。至於和民間比較相關的，就是所謂的四大行庫，在當時就有這四家了，亦即彰化銀行、第一銀行，以及華南銀行，還有一家就是合作金庫。

以板橋來說，那時就只有一家合作金庫。至於我們甘油廠，那時因業務性質，所以往來較多的不是板橋的金融機構，而是位在萬華的彰化銀行。我那時一星期會去一兩趟銀行，我就是在那裡認識我未來的妻子的。說是認識，也只是純業務往來，但不是談戀愛。

我會和她結婚，是因爲當時彰化銀行萬華分行經理，認識我大哥，他跟我大哥說，你小弟還沒娶，既然他常去銀行，我們的行員也都乖乖的，非常嫻慧，就讓我幫他們撮合，配成對吧！

就這樣，我和我太太認識、結婚。在那個時代，女性在職場地位比較不高，社會的既定習俗，就是只要女生一結婚，企業就不能聘用。也就是職場當時是不用已婚婦女的。

就這樣，我太太離開她原本收入不錯的工作，嫁到我家來。對我來說，我不但娶得

42 年耶誕節於彰化銀行合影

一個好妻子，並且，我還賺到一個會計。

原本我作帳都要去請教我的姐夫，自從娶妻後，她懂會計，就直接把帳交給她做就好。

我和我太太在計算生活費時，一定會先扣掉奶粉錢，剩下的才分配做生活費，後來我碰到生活困境，每月收入只有約兩百五十元，我們用那兩百五十元，扣掉買奶粉，就所剩無已，很克難的過著日子。

我生活的轉機，出現在民國四十九年，當時的我，每月拚命工作，也才只有兩百多元收入，我心想不能這樣。於是，我開始投入營建事業。

由於我當時分家有分到二千四百坪的土地，我想那筆土地一直放著不利用也不對，於是我就想，那我就蓋房子來賣吧！

我印象很深刻，我這輩子開始投入建設事業的日子，是在民國四十九年的十月十號，我選這天加入營建事業，那也是故意選的。那年代和現代一樣，要開業也是要選好日子，我選好日子，不是花大錢去算風水，而是就在國慶日這天。

因爲，這天是國家的慶典，我在這天開業，就好像國家也在幫我慶祝一樣。

是的，那是國家的慶典，也是我人生事業的慶典。

在當天，還有飛機，以及放煙火，爲我的事業慶祝呢！

民國 47 年正月農曆年尾結婚，完成終身大事

六、流下幸福的眼淚

我的建設事業在國慶日啓動了，但前途仍一片未知，我內心有很大的壓力，但這條路一定要成功。

第一件事，還是錢。

土地我有，但蓋房子要錢呀！另外，也要符合法規，那時候還沒有什麼都市計畫之類的，我那塊土地的用途，還是我跑去地政事務所，請他們和我一起設計，把地目訂下來，接著才能蓋。然後就是錢的問題了。

那時候我評估要如何蓋比較好，那年代並不流行買房子，沒有所謂房屋仲介這種行業，古早時代人們蓋房子都是自蓋自住，我現在想蓋房子，卻是要想蓋完後要賣給誰。但無論如何，這是我要走的路。我的規畫是一次蓋四間，因爲以整體建築結構來說，一次要蓋四間，比較好蓋。

但蓋房子資金哪裡來呢？我自己身上的老本是有幾千元，但那遠遠不夠，所以我就去找我姐姐籌錢。

當初我太太嫁給我時，是有金飾做爲嫁妝一起嫁過來的，現在，我就只能先拿那筆金飾做爲抵押金。

說起我太太，她家裡本身是經濟條件還不錯的，她父親是當時電信局的段長，生活算優渥，我太太原本在銀行工作，薪資也算好，她用自己的存款以及家人提供的經費合購金飾做爲嫁妝，總值大約十三兩。

爲了創業，我和太太商量，請她拿出這筆嫁妝，做爲創業的資金。雖然內心不捨，但蓋房子就是要錢，我必須籌錢，而籌錢需要抵押品，我很感謝太太願意拿嫁妝做抵押品。

我於是去找我大姐、二姐還有三姐，跟他們報告，我想在我的土地蓋房子，開始打造我事業的決心，希望他們借我一筆錢，並且我帶著一批金飾做抵押，我房子蓋完賣出後錢就還他們。

結果真的讓我很感動地，我大姐說，不用啦！我們是自己人，我信任你，那些嫁妝就邊拿回去，她可以借我錢，不需要抵押。

大姐二姐三姐每人都答應借我一筆錢，三個人加起來大約有一萬多元，然後再加上我自己的那筆幾千元老本，大致上可以做爲初期的工程款了。

就在這個時候，有個奇蹟出現了。

每次我想到這件事，即便時間已過了很久，幾十年過去，我還是會很想哭。因爲我的人生命運就此有了轉機。當時我的生活真的過得很苦，但從那件事後，我終於可以走出來，從此不再陷入財務困境。

當我在我的土地上籌備蓋屋事宜，和工程師傅開始在那邊規畫時，彼時是蓋第一批四間磚瓦房，同時還要規畫當地的水源。剛好有一個在地的朋友，聽說我正要蓋房子，就說，很剛好，他想要買房子，那就跟我買吧！他問我一間要賣多少，我就說，要賣兩萬二。他就說好，就這樣，我房子都還沒有動工，就已經成交了第一筆房子。

接著，又有另一個朋友，也說要買房子，也是兩萬二成交。

突然間，我有了四萬四的收入，蓋房子資金不用擔心了，原本要和姐姐們借的錢，可以不用借了，加上土地本來就是我的，蓋房子已經完全沒問題。

我整個人真的得到解脫。

就從那時起，我人生一路平順，我走出最困頓的時期，再也不會過那麼灰黯的日子了。

如今，我每常對我的孩子說，我這一生最難忘的事情，就是我蓋的第一間和第二間房子。

那時我的人生首次經濟解危。我一下子從月月煩惱生計，到不擔心錢，並且從工作不穩定變成有一個自己的事業，心情真的有一百八十度大轉換。

那一天，我帶著興奮，以及一種難以形容的激動心境。我去萬華，在市場那邊買了燒雞。我還是捨不得花大錢，只買了半隻。

這是在每月過著兩百多元再扣掉奶粉錢才能生活以來，我第一次最奢侈的消費。現在終於可以好好去買半隻燒雞回家一起吃了。

回家後，我把燒雞放在桌上，我和妻子就靜靜地對望著，兩個人都不禁哭了出來。是的，我們走出來了，夫妻兩就這樣百感交集，邊吃邊哭。

這是我這一輩子最難忘的一餐。

往後日子裡，不論吃什麼山珍海味，異國珍饈，永遠都比不上那天那頓，流著幸福的眼淚，吃下的燒雞。

七、蓋屋的學問在嘴巴

在自己的土地上蓋房子，先收了訂金，有了足夠工程款，房子的建設一步步穩穩的走。

但蓋房子是需要學問的，不是花個錢，房子就自己冒出來。雖然房子是師傅在蓋，但如果我什麼都不懂，也會擔心是否被騙？是否蓋出來的房子偷工減料？

怎麼讓自己會呢?就靠自己的嘴巴問。

那個時代蓋房子，不像現在是一個建設公司統包，有設計圖，有整合規畫，那時是各個部份個別處理的，做磚的你要去找做磚的師傅，做水泥的你要去找水泥師傅，做木工的又是另一個師傅(那時代窗戶是木做的)。

當我找這些人來分別做這些工作時，我其實對蓋房子一點也不懂，心中也會感到害怕，會有種壓力。

我的作法，就是用聊天的方式，一個個去請教。好比說，我就和磚頭師傅聊，這房子要放多少磚啊!師傅為了做我的生意，就很慇勤地會主動跟我一直聊，說房子一坪六尺，那這六尺要放兩百一十五個磚，然後總共會需要多少水泥。

就這樣，邊和他聊，邊增長我的建築知識。回家後，又想到什麼新的問題，第二天，再去找師傅聊，堆磚鋪水泥做木工，每個環節都是這樣問。

我一方面怕錢不夠，因為如果人家看我不懂，就誆我，讓我花太多錢那就不好了，另一方面，我也怕我的意思和師父不同，怕溝通有誤，蓋出來的房子不是我要的。這是我的第一棟房子，我必須小心翼翼。

所以我每事都問，學問長在嘴巴裡，就這樣，我後來從不會蓋房子，逐漸也變成蓋房子的專家了。

我在做我的事業，有五大原則，這也是當時培養出來的。

第一，就是前面說的，要去「問」，以現在的說法，就是要求知。

第二，要分析思考

就好像在學校上課，老師在講，你聽了，那是一回事。但聽了後會不會變成你自己的東西，那就是要思考，而不是用硬記的了。

我碰到每件事，會具體去思考去分析，哪個部份可以做，哪個不可以做。哪樣做會出錯，怎樣做才不會錯。其實，往後我事業越來越大，但最基本的精神就在這裡，現代有句話說：「魔鬼就在細節裡」，事業的成功，就在於每個環節都要重視細節。

第三，我們做事一定要認真

這聽來像老生常談，但有多少人真正去做到？現代人常愛爭取自己的權利，一年要休個好幾十天的，在我蓋房子那時候，不騙你，我真的幾乎可以說是全年無休，除了春節那幾天，工人也得回家過節外，其餘日子，一年三百六十五天，我都在工作。我對我的事業認真，才能對客戶負責。

第四，做事要有耐心

不管以前還是現代，我們做什麼事，不會都完全順利，難免總會碰到波折，碰到突發事件，碰到不順人意的狀況。這時候，你一定要有耐心，不能心浮氣躁，事情總要去解決，我碰到任何事，都告訴自己要有耐心。

第五，就是要專心

耐心和專心是不同的兩個概念，有的人做事很有耐心，但不等於他做事很專心。我們做事業的人，很忌諱腳步尚未踏穩，就又想要去做另一件事，沒那麼大的胃，卻野心太大，那終究會出事的。

我做事講求穩扎穩打，就把眼前的事做好，我後來人生事業拓展多元化，那都是在我經濟起來，行有餘力經過評估後才去做的。但在年輕剛起步時代，我告訴自己，就是要專心。

那時立下的五個原則，我一輩子都在奉行。

八、開始拓展自己的版圖

人都是要朝外拓展的，像我蓋房子，當然不會只想蓋一間兩間就滿足。但如同我前面所說的，一開始腳步要踏穩，才能邁出第二步。

我看過太多的案例，許多人太貪心了，一覺得自己事業有個好基礎就沾沾自喜，然後大幅投資，最後事業破產，留下遺憾。

有的人基礎比較大，那時候當然就可以談到另外投資另創事業等等，像現今郭台銘先生，因爲江山已打下，那他當然可以拓展各種事業版圖，但我們一般人還沒江山，一定不能這樣，否則會失敗，這是做生意的基本條件。

我蓋房子，就是這樣，先把最初的兩間蓋好，才開始跨出腳步，去蓋更多房子。在此同時，大哥那批鋼筋水泥房，結構完成後因價格不被市場接受，一直空置著。民國五〇年，因我要在埔墘蓋房子，大哥叫我把其中一間自己裝修好，原本我住在三姊位於板橋的家，後來一家四口就搬回埔墘，住在埔墘83之15號。

即便經濟已經比較過得去，我生活還是很勤儉，我記得，我一年三百六十五天都在忙，但在日常生活中，也會和家人有著甜蜜的回憶。

我自己是苦過來的，所以很疼小孩，不希望他們受到和我一樣的苦，大約每隔兩個月，我和我太太，就會帶著我的兩個小孩，就全家人，叫了一輛三輪車，我還記得當時的行情是一趟五元，我們一家四口，就坐在三輪車上，去到龍山寺那兒，吃小吃，享受簡單的天倫之樂。

現在的龍山寺公園，在那時代是個夜市，我們那年代，想吃好料就在那邊，就好比現在的士林夜市，龍山寺夜市當時是那種攤販雲集，鬧熱滾滾的樣子。

我們全家人在一起，逛街吃東西，一兩個月去一次，現代人也許覺得這沒什麼特別的，但那卻是我人生中很難忘的回憶。

而隨著自己事業比較穩固了，我也開始參與地方事務。

我是民國四十九年開始我的建設事業的，我的發展基礎是在埔墘，算是不忘本，我也參與埔墘的一些地方事務。

那時在埔墘有一個福德宮，因爲道路施工，需強制遷移，搬到現在所在的位置，當時我就參與了建廟的工作，是建廟的委員之一，現在你去廟裡看石碑，上面還刻有我的名字。

而在建設事業的部份，我當然仍繼續拓展。

現在想來，也許有人覺得好笑，但在當時，我一直有個恐慌，房子一直蓋，但若有一天土地被我「蓋完了」怎麼辦？那我是不是會失業？

現代當然知道，因爲房子會老舊，老房子有一天還是要拆除，蓋新屋，所以永遠會有蓋房子需求。但在我那時代，的確時時擔心這種問題。

我蓋房子的基礎是我的那塊地，有二千四百坪，在五十年代，我的主力就是在那塊地蓋房子，也蓋了好幾百戶。但我那塊地，終究也蓋完了，接著怎麼辦呢？

當然就是要再找新土地，蓋新房子。

那又是我事業的一個里程碑，我第一次開始「買土地」，蓋房子。

我當時在埔墘附近的另一個區域，一個叫作「深丘」的地方找土地，後來找到一塊三千多坪的地，那年代台灣經濟仍然還很農業社會，那塊地當時還是個稻田。不過比起四〇年代，當時土地已經漲了，我自己的土地當時繼承時，一坪不到一百元，但到五〇年代我買深丘土地那時，已經一坪三、四百元了。整個總價大概就是一百萬。

一百萬，在那時，可算是很大的數字。不像現代人，不再說什麼百萬富翁，連千萬都不算富翁了，任何人只要名下有個房產，都可能是個千萬富翁，現代要資產上億才稱得上富翁。

但在五〇年代，一百萬是很大的，大到什麼地步呢？大到我和我太太，整晚擔心得睡不著覺。

那又是一次很難忘的經驗，我和我太太，半夜三點，躺在床上，眼睛仍睜得大大的，那種感覺，怎麼說呢？一方面很高興，要買一塊自己的土地，但一方面又很害怕，但要說害怕什麼，也說不上來，也不是說手上沒錢，反正就是害怕，內心百感交集。以前蓋房子是兩萬兩萬、三萬三萬這樣的金錢概念，現在突然變成百萬，真的讓人睡不著。

簡單講，就是沒經驗，所以害怕。

這也就是所謂的格局，一個人的生命中，要不斷突破，從舊格局跳脫來到新格局。當年那次徹夜難眠的經驗，的確令人難忘。

九、建設事業之外的版圖

房子一直蓋，我從自己的二千四百坪土地，蓋完了，房子也賣完了，再買土地，再繼續蓋，我的建設事業就這樣一步步拓展。幾十年走下來，蓋的房子成百上千。

如同前面我說過的，做事要專心，腳步踏穩，才可以走出其它步。我在我建設事業已經穩固，比較不擔心財務問題時，也開始試著伸出觸角，朝其它領域發展。

不過畢竟，建築才是我的專業，其它領域都比較算投資，有賺但也有很多賠錢的例子。我最早伸出的業務觸角，是做飼料。

當時是和我大哥以及另一位姓郭的族親一起。於西園路經營豐年飼料，推出雙雞牌科學飼料，後來由四哥一人經營。後來我姪兒又找我和三個朋友，一共五個人成立一家勝豐飼料，在我位於「深丘」的土地上蓋起了飼料廠，由我擔任董事長，但主要業務是我姪兒在經營。其經營年代為民國58年到63年。

飼料這行，算是我人生事業經營中，比較失敗的經驗，賠了好多的錢，到現在，那些債主欠我幾十萬將近上百萬的，都還沒還錢。

飼料不好做，主因這行業也算是看天吃飯的行業。

我們飼料是賣給養雞廠，但每當發生雞瘟，接著就一堆養雞廠，哀鴻遍野，有的養雞廠，全部的雞就死光光。當我們看報紙時，人們會說養雞廠很可憐，但其實，那些養雞廠，很多都把風險轉嫁給飼料廠。

當他們風光賺錢時，是他們自己的事，但一旦發生像雞瘟事件，他們就不付錢給飼料廠，倒我們的錢。那金額在當時很大的，要不是我們資本還可以，很多廠早就撐不下去，會被拖倒的。

講到這，我也要再次提醒。所以我們做事業，真的是要自己江山站穩再去拓展額外的，像我投資飼料事業，就是用我額外的錢，損失了，我很懊惱，但不會影響到我的建設事業。

飼料業有賠的，但也有賺的。

像剛談到養雞廠這部份，有被賠到，但當時我們有做進口玉米生意，那部份就沒有賠。當時我從阿根廷引進玉米，那時我們幾個大股東和小股東，合力出資，進口一整船的玉米。真的是一整船，好幾千噸。那時代還沒什麼貨櫃，所以那整隻船就像是一個大型貨櫃，整個船艙都是放玉米，然後船到台灣後，有那種傳輸機器，就看著玉米，像瀑布般地，從機器管線被抽出來，倒在岸上的容器裡，那場面現在想想也是壯觀的。

玉米進口這塊算是賺錢的，因爲賣的對象是飼料工廠。這一塊沒問題，只有賣給下游業者，如養雞廠那一塊，才是賠的。

我們當時是委託一家龍一貿易，做進口及批發，我們再付他佣金。

提到這，要提到當時還是美援的時代。

在那段時間，我們台灣，雖說是二次大戰的戰勝國，但論經濟，卻是非常的窮。所以才會需要美援。那時候，生活中很多東西，黃豆啦！襪子啦！麵粉啦！椰子油等等，一堆東西都是美援。

可以說，我們國家在經濟很困窘的情況下，是靠當時的「中美合作」，之後才經濟起飛的。

那時有一個單位叫台灣省物資局，目前已經廢掉，當時物資局就是在負責這些美援物品。

像我們這些開工廠的，就依自己的情況，把一些申請資料給物資局，例如做麵粉做肥皂等等不同的公會，會塡單子申請物資。在資料上要說明，自己工廠有多大，生產主力是什麼，月生產量是多少等等，資料送上去後。物資局會過去查核，只要審核覺得和資料比對無誤，評審可以通過，就會發配東西給你。

基本上，工廠越大拿到越多，因爲他們生產的量比較大，當然就需要更多的物資。其實，那些物資補助，可以說就是免費送了。

美國把物資免費送給台灣的政府，政府再以很低的價格賣給工廠。拿到物資的感覺，眞的是賺到般的感覺，非常興奮。像我大哥，就向政府申請了牛油和椰子油等物資。那些都是做肥皂的原料，你想想，就等於是你生產產品，但原料不用花什麼錢，那豈不是大大的賺到。

我大哥當時興奮到什麼程度呢？

他興奮到，直接把自己女兒取名爲美媛，就可見一般。

雙雞排科學飼料

可以說工作到邊做邊笑的地步。
這些是我當時的一些有趣的記憶。

十、板橋郭家

說到我建設事業以外的事，我當時因爲也投入飼料事業，後來也以勝豐飼料加入台灣區飼料公會擔任理事一職。

另外，我還參與金融業。現代的板信銀行，在當時是叫做板橋信用合作社，那是一間我們板橋人合開的金融機構，大家一起出錢，光股東就有好幾萬人，群策群力，集資成的事業。

我在當時也是社員代表，因爲股東有幾萬人那麼多，總不能大家一起開會，所以就另外每區選幾個代表，當板信有各種事務要討論表決時，就由這些代表來參加開會。在幾萬人中共選出一百多個人當社員代表，我就是其中之一。這也算是一個很重要的職務，因爲一個大企業，也算是一個民主機構，公司有各種法案，人們也是有不同意見，要靠討論表決，最後通不通過要靠我們這些代表來決定，所以也算地位尊崇，大家都對我們很客氣。

我自己的家庭，隨著事業拓展，後來舉家搬遷到台北，我是在三十六歲時，買了一塊地，和隔壁地主一起委託建築公司蓋了四層樓高之透天厝。直到此時，我才開始有了真正屬於自己的家。倒不是我不重視板橋，事實上，直到現在我的根都在板橋，我的公司也一直鞏固在板橋。我會搬到台北，主要是因爲孩子的教育問題，實在說，台北的資源還是比較好的，在當時，板橋仍是一個比較鄉下的地方，生活水平也和台北有差距，爲了孩童的教養環境，所以我搬去台北。

在此同時，我早年曾參與的肥皂事業，也已經走到末期，變成所謂的夕陽產業。原因很明顯，隨著經濟發達，人們不太再用肥皂了，洗衣服，都逐漸變成用洗衣粉了。肥皂業當然不得不轉型。

現在有一家上市公司，叫作和益化工，那間公司其實就是肥皂產業轉型後的產物，可以說，當年的那些肥皂廠都不見了，但不見不是倒了，而是昇級轉型爲這家化工事業。

那時是民國六十二年，在那一年肥皂界的人齊聚一堂，大家籌資，一起共同組成這家公司。我那時因爲建設事業已經穩固，所以已有資本可以投資，我也變成這家公司的一個原始股東，當時我只是一個普通的股東，是直到民國八十一年，我有心想要擔任一席董事，故我靠自己的資本增加持份，並在改選董事時，順利當選，才逐漸變成大股東。

除了商業經營，我也參與很多地方事務。在民國八十二年，我看自己的經濟情況沒問題，於是投入板橋郭家族親公益。並且我也在那年成立了板橋郭家宗親會，自己擔任第一任理事長。

時代不同，宗族也需要聚合的一個力量。在從前，板橋郭家是在地三大家族之一，當時三大家族分別是我們郭家，以及創立板信事業的邱家，另外還有一個劉家。至於板橋林家，雖然很有名氣，也很有錢，但他們不參與地方等事務，所以沒特別構成一股勢力。

在早年時代，板橋郭家真的是有勢力的，那時候，從基層的里長，到市民代表，乃至於市長，還有縣議員，以及國家級的立法委員。統統都有我們郭家的人，乃至於三天兩頭，郭家的人就會上報。特別是每到選舉的時候，報上就會報，板橋郭家和板橋劉家激烈競爭，勢在必得等等。

現代若翻閱以前的報紙看到這些新聞，還是會覺得很有感觸。

這是生活中的另一層面。

這些都是我在我的本業建設事業站穩後，行有餘力才去參與的地方事務。

我曾說過，我人生的一個大原則，我不去動我的老本，我寧願當下辛苦去打拼掙錢，也不要爲了讓自己現在日子好過，而去坐吃山空。

一直以來，我都不喜歡貸款，人家大企業家做生意，常常一跟銀行借錢就幾十億幾百億，那不是我的風格。

我的理念是有多少錢，做到多少事。這樣的想法，直到現在都不變。

但建設事業畢竟是金額龐大的事業，特別是現代，土地房價等都很高，若一切都靠自己的資金，有時候會有滯礙難行之處。

在民國九十五年時，當時有一塊地，那是在臨沂街那，一個條件很棒不買可惜的地段。在內部開會，我們評估過真的不買可惜，但當時現金流也沒那麼多。於是生平第一次，我在買土地時，和銀行借錢。

但即便如此，我還是儘量守住我的原則。初期需要資金時，我貸款的成數可能高到60—75%，但我給自己訂定一個規範，那就是我一定要在最短時間內，把那個負債比降到25%以下，我也做到了。在後來每次建案，我都依此準則行事。

因爲在我的看法裡，做不動產事業和開工廠生產商品概念是不同的，開工廠的人，生產東西需要買原料，可能需要資金，所以要借錢，但工廠東西生產好，商品會拿去銷售，就會變成現金。每月有在運作，每月都有現金流。

不動產就不一樣了，一塊地買到後，還得經過整地、清理，然後正式興建，這中間過程可能長到超過兩年。那兩年間，是不會有任何現金流的。就因爲金錢流動率較慢，我覺得風險太高，所以我不太願意去貸款，就算銀行捧著現金在我面前，要我多貸一點，我也說不要，這是我做事的原則。

從事建設事業以來，我一直稟持著良心做事。

蓋房子的方式多樣，從六〇年代開始，我不斷對外拓展埔墘、深丘、新埔、江子翠、土城、中和，乃至於台北市，都有我的事業蹤跡。方式則包含賣斷、合建、委建等等，怎樣的形式，我都可以接受，所謂委建就是我只收工程費但蓋好的房子不是我的，就是幫人家蓋房子的意思，這我也接受。但無論怎樣，我最大的原則，就是蓋房子講求誠信，我蓋的房子，可以用商譽做擔保。

早年我蓋房子的時候，那時還沒像現在一樣企業化，我的公司當時就叫作郭永福行。那時我和太太兩個人，每開始一個建案，就駐守在那個工地，我們辦公室就在那裡，當時還沒有廣告公司，也沒仲介，我們自己蓋房子，也要負責自己賣房子，邊蓋邊賣，一切自己來。

房子蓋到哪，我們就駐紮到哪，人們有問題要找我們，我們人就在那，不會跑掉，讓買屋的人可以放心。若同時有兩個建案進行，那就兩處都有辦公室，我和我太太各進駐一處，然後我負責兩邊跑。

當時社會上還沒有行銷概念，更沒有什麼客服觀念，但我那年代就已經開始在做客服了。任何人，只要買了我蓋的房子，就是我永久的客戶，不論是去年買的、五年前買的、十年前買的，都是我的客戶，我身上都有張單子，記下每個客戶資料，逢年過節，我一定寄上一張賀年卡，感謝他們的照顧。並且我在卡片裡還會附上一封信，請他們若有任何房屋方面的問題，都可以和我連絡。結果還真的，很多人都長期和我保持連絡，和我請教房子相關的問題，也會介紹客戶來買房子。

當然，現代社會已經網路化了，什麼都有電子檔，公司也有網站，但在早年時代，我這樣做算是建設公司的一股清流，特別是當時社會上對建商的形象並不好，都認爲建商會偷工減料，做事不老實。實際上，也確實很多不肖建商，會因自己的私利破壞整體建設行業形象。

但我一直以來，就以誠信打響我的品牌，我蓋的房子都是品質保證，就以我自己開的公司永福建設，就一直樹立在板橋，人們有問題，都歡迎過來找我們，我們誠信原則，做事負責，對得起我們的商譽。

再舉一個例子，一般建設公司成立一個新建案的時候，通常會以預售屋的制度先行做銷售，但我卻反對這種作法。雖然以預售屋制度，可以預先收到一筆款項，可以讓資金運轉，但我寧願把房子都蓋好後再賣。唯一的例外，就是我最早的第一棟第二棟房子，那時是先拿到訂金。之後我蓋房子都是蓋了再賣，原因就在於，有實物，客戶可以看，看了滿意再買，而不要事先買好，結果蓋出來後，不是客戶要的，雙方產生糾紛。

我知道在台灣，因爲預售屋而產生的客戶糾紛，層出不窮。我不想要去淌這種混水，不論後來誰輸誰贏，總之都是破壞商譽。畢竟，這種事也講不清，也許是當初客戶說了，但業務沒聽清楚，也許是當初建設公司和客戶做介紹時，他們自以爲客戶理解的，其實是和客戶認知不同。

所以如同我做人一樣，腳踏實地，房子也是蓋好了，有現成的屋子，再賣給客戶。隨著時代的變遷，大環境的狀況也不一樣了，我們做事業的人，也不能食古不化，要懂得應變。

例如，以土地來說，現在在台灣，好的土地越來越難找。我的政策也有改變，我們後來開始會買一些地保留著，因爲好的土地，若賣了，以後再買就不容易了，例如在大馬路邊的土地，我就會先買起來。

在我們這行，很多建設公司，在拓展事業時，有不同的作法，另外開拓其它事業，例如投資興建遊樂園、飯店、商務旅店等等。

總之時代在變，觀念也要與時俱進。

就像我當最早的公司只是郭永福行，在工地裡自建自賣。但後來公司也需企業化，在民國七十八年正式成立永福建設機構。

至於現代化的建設事業經營，也有許多分工，有營造公司、房屋廣告銷售公司，房屋仲介等等。

時代一直在變。

但做人的基本原則不能變。

誠信無價，真誠的對待自己以及客戶，無價。

3
樓起

很多時候，人生始於一個機緣。

以我來說，我本身不是學建築的。直到民國四十八年分家產前從事的大部份都是工廠的工作離開甘油廠之後，做的事也都和建築行業無關。

但人生一個轉彎，說是上天保佑也好，說是人助天助的也好。

民國四十九年的十月十日，當國慶大典的飛機，飛過板橋的天空，屬於我自己的建設事業也從那天起步。

一路走來，到今天已走了超過了五十個年頭。

一、見證田園到都會

現代人提起田園生活，一定不會聯想到板橋。因爲現代的板橋不但一點和田園都扯不上關係，並且還是現今整個台灣，人口最稠密的地區。

五十年前這裡當然不是這樣，萬丈高樓平地起，而在平地之前，還有田園，還有荒地，正如同在更之前，這裡肯定是莽原雜草的世界，我想，這就是所謂文明的演變。

而這中間，從無到有，從一個一望都是稻田的鄉下地方，變成現在新北市的市政府所在地，也經過了那麼幾十年的奮鬥。

很榮幸地，以板橋地區來說，我也是讓板橋變得繁榮的參與者之一。滄海桑田，繁華興替，回想過往，一幕幕奮鬥打拼的過往歷歷在現。踏入建築界，靠著很多人的幫忙。但最後臨門一腳，我真的要感謝上天。那年我帶著妻子的嫁妝，決心改變當時我月入只有兩百五十元，一家四口只能勉度溫飽的日子。把一切希望寄託在我分到的那片土地。

至今，我永遠記得，那個嫁妝金子數字是十三兩，帶著這十三兩，我想用之做爲抵押和我的三個姐姐籌措蓋屋的資金。由於年紀上有段距離，姐姐們都已經入社會很久，生活比起我也比較安定，我希望他們協助我度過人生這個關卡。也真的很令人感心的，當我拿出那十三兩說要做爲抵押，姐姐們說，不用了，不跟我拿這個抵押。

而更幸運地，就在我準備蓋房子的時候，竟然先後有兩個鄰人朋友，剛好也想買房子，就付訂金和我買房子。於是我原先最擔心蓋屋資金哪裡來的煩惱，一下子就煙消雲散，也不必向人借錢了。

此後一路走來，五十多年過去，這一生都不再碰到缺錢闖不過去的問題。

說起民國四十九年的板橋。那時候就像是在一片田園構成的綠海中，這裡一個那裡一個，有著浮出綠海的島嶼，那些島嶼就是一個個的聚落。

當時板橋最繁榮的地方就是古早時代火車站所在的地方，也就是現在捷運府中站所在。在蘇貞昌縣長執政的時代，有了現在叫作新站的全新板橋火車站，但舊站所在地的府中，則是當年繁華的一個起點。

爲何會說起府中站呢？因爲當時板橋只有府中那個地段，才有所謂都市計畫，因爲他是板橋的行政區。其它地方都沒有任何政府的規畫。

那時板橋比較熱鬧的地方，除了府中外，再往北就是新埔，然後是我現在公司所在地江子翠。往東就是埔墘。現今華僑中學那邊，我們當時還叫做山埔竹仔或蕃仔園，顧名思議，就是比較山林荒野的意思。而以交通動線來說，火車經過的地方，當然是會比較繁榮的，當時板橋有三個站，除了舊板橋火車站外，另外兩個站就是江子翠，以及浮洲。江子翠火車站早已沒有了，現在則又變成捷運的一個站，至於浮洲火車站，後來也沒了，只不過近年來，政府又在那蓋一個新的火車站，所以現在縱貫線上，還有一個小小的火車站，只停電聯車，不停特快車，那是通往樹林前的最後門戶，現在附近則是國立藝術大學。

那年代的火車，也不是如同現代較大的鐵軌，那時的車都是五分車。

火車慢悠悠的行過一片田園，少年人時常望著長長的鐵軌，想像著沿著軌道一路走下去，會延伸到怎樣新的人生。

當然，人生，是要自己開創的。

我的建設事業，一開頭，全部從零開始。就從我那片位於埔墘的土地開始。

二、荒野中打下地基

這片荒地是如此的原始，政府都市計畫尚未列入。沒有路，沒有規範，什麼都沒有。我當時分家時分到了二千四百坪的土地，然後那時分家分到工廠的五哥，他工廠周邊也有一筆土地，加上我大哥他那邊當初繼承的部份。整片的土地，加起來，總共是大約七千坪。

這是我第一個建案的基地，也是我人生發展的基地。

首先，我要自己做都市規畫。

我自己畫圖，自己模擬這一片荒地要如何的開發。這片土地是爲在現在的中山路、三民路這中間蓋一個很大片的BLOCK(日語)。那時當然也沒那些路名，地址的稱號都是板橋鎮埔墘里幾號這樣。我要假想未來若蓋房子時，路要從那邊經過，房子的座向要如何。以及包括用水的供給，需要自行規畫打水井才有水源等等。

就好像你可以假想，現在你站在一個學校操場前，閉上眼睛，想像，若那整個操場都蓋上房子會變成怎樣。

這絕不是件容易的事。何況七千坪土地，是比學校操場大了幾十倍。

我就是這樣在心中揣想我的藍圖，路應該怎麼走，怎麼彎，然後房子可以放這邊，放那邊。並且我要把我的計畫，也就是我的私人版的都市計畫，告知縣政府的相關單位，在他們沒有其它計畫時，我的計畫就變成市政府的計畫。

有了私人版的都市計畫後，接著就是要蓋房子。一步一步來，我第一次先蓋的是四間平房。

那也是經過評估過的。

當時的社會，人們大部份都住在紅磚瓦砌的平房，當然也已經有水泥的房子了，但是比較少，就算是有錢人家，也頂多蓋到二樓。

我蓋房子是爲了創業，不是要實現什麼建築大夢，房子蓋了是要賣的，當然要符合市場需求。以當時的社會來說，人們的住屋，都是自地自建自住爲主，很少說，我蓋個房子，「賣」給人家，就連我最早賣出的兩戶，其也是剛好我那兩個鄰人本來就想有房子，因爲看到我正在蓋，就順便跟我買。

埔墘永福新村建築工地

房子要蓋，除了要資金，也要賣得出去。當時我看板橋地區，若蓋水泥屋的話，菜市場那一帶有，賣價是四五萬，但那已經到頂了，再貴就賣不出去了。以此為基準，我的房子訂價就是兩萬二。

我的第一次蓋屋，一共蓋了四間。當初最大的壓力是缺資金，但如同我說的，一方面自助，一方面也天助。我在還沒蓋之前就已經取得兩戶的訂金。之後就一帆風順。以那四間為基礎，之後我就一直以四間、四間為單位，繼續的蓋。

這一蓋就蓋多久呢？

一蓋就是十年。

從民國四十九年一直到民國五十九年。我都在經營我那二千四百坪的土地，我們三兄弟合作開發七千坪土地。

今天我可以驕傲的說，我從無到，整個創建一整個村，打造了一個擁有兩百多戶人家，上千人安居樂業的世界。

三、創建永福新村

說我創造一個村，真的是名符其實。

不只因爲這是一個我從無到有蓋出的社區，取名「永福新村」有個村字。也因爲，當時在實務上，我雖不是行政單位上的村長，卻是真正的有在服務「村民」的「地下村長」。

由於我是一間一間這樣蓋，一間一間這樣賣。紮紮實實的創建這整個村，所以我也是和所有村民最熟的人。

那年代不像現在建築業的分工。建設、營造和銷售是不同單位。

那年代，從蓋房子畫藍圖打地基到最後銷售，乃至於所有的售後服務，都我一手包辦，當然那時候還沒有所謂「售後服務」這個術語。我所謂的「售後服務」就是我這位蓋房子的人，保證做事負責，與他們住在一起，也幫忙解決所有和房屋相關的問題。

也就是這樣我擔任了地下村長。

之所以擔任地下村長，除了因爲我的信念，我蓋的房子，我要對住戶負責外，也因爲我那時還年輕，我本就是一個熱血青年。

那時代，我一邊一戶一戶地賣，一邊也一個個認識我的新「客戶」。當碰到房子有狀況，當然他們會來找我，但後來，和房子無關的狀況，也會來找我，像當時，有碰到一戶人家兩個兄弟爭吵得激烈，大家都不知所措，也只得把我找來，讓我當仲裁。

也因爲我在那邊蓋房子，我人也住在那邊，有一定的公信力。後來也真的平息很多糾紛。

當時他們還用台語叫我「沒鬚老大」，國語譯起來就是沒有鬍鬚的老大，就是說連鬍子都還沒長出來，就已經去那邊給人家當老大的意思。

那年代，我就經常扮演幫人家排解糾紛的角色，漸漸地，培養出我熱心地方事務的習慣，所以後來我不只在我那永福新村，擔任愛幫忙的沒鬚老大，我也參與板橋地區的很多地方事務，像前頭我提過的埔墘福德宮遷址，我也是整個建廟的委員，到今天，幾十年過去，我女兒還跟我說，她去廟裡拜拜時，還看到上面刻著我的名字，郭永福。

四、房屋基礎也是做人基礎

而提到從無到有創立一個新的社區，一整個兩百多戶的世界，這十年，雖說我從第一次蓋四間房開始，就比較不擔心財務問題了，但說真的，要整個興建一整片房屋，並不是容易的事。

最開頭是訂規範，房子和房子中間要隔多遠，現代建築法規當然有規定，但當年我是在一片荒地上從零開始，我就要算好，房子和房子間，設定爲四米，也就是我的房門打開，和對門是隔著四公尺。在今天，這樣的寬度，只夠成爲一個巷子，連車子都開不過去。

再來，房子邊蓋也要邊賣，那年代和現代售屋市場完全不同，根本習慣不同那時都是自己蓋屋，一般人觀念上不太接受人家蓋好再賣給你。

那年代一坪土地才兩三百元，但日後土地價格已經水漲船高，當時的兩三百元，到今天已經是一坪超過一百萬了。這中間整個價值觀變化太大了，若是在現代我同樣那塊地，要用一坪一百萬來賣，大家一定搶著要。

當然一個年代一個年代不一樣，就像在四十九年我本人還在騎腳踏車，才可以節省開銷。

由於事業剛起步，我很重視我的財務規畫，絕對不因爲比較不擔心蓋屋資金，就敢亂花錢。

加上我本身對財務的規畫，就是節省，如同前面提過的，我就算是在剛分家時那段非常艱困的日子，也保持不動用預備金，不預先挪用未來的錢的習慣，直到現今，都還是這樣，我不喜歡和銀行貸款，很多建案，我寧可自有資金籌備到百分之百才興建。

在生活用度上，就算到現代我年過八十歲了，建設事業也有一定的規模，但我本身都還是很節省，像我就常用廢紙的背面再利用。

現代都如此了，更何況那個時候，我事業才剛起步。

那年代長輩常愛說「要省才有底」，這是港正台灣話，要省才有底，就是說你要節省才有底，這個底，就是基礎的意思。

這句話是我少年時代常常在聽，也一輩子謹記在心的句子。

今天，我做人做事的不變信念，一個人在社會上做事，第一要務就是遵守信用，絕不準說白賊話。

這是我永遠不會變的理念，就好像你今天跟我講話，我現在跟你講的事，就算你十年後再問我，我的回答還是一樣。

另外，我也不喜歡吹牛。

吹牛就是跨張，就是不實在，也等同於另一種形式的白賊講。我絕不這樣。

我這個人就是要腳踏實地，一步一步來。有時候，我聽我身邊有的朋友喜歡吹牛皮，愛說自己多厲害多厲害，我就不喜歡那種人，就這樣經營一生。

從前叫做埔墘的地方，開始有了暢旺的人氣。原本是一片田園荒地的所在，已經有了熱鬧的人聲。

五、台灣的建設事業起步

一路走來，來到民國五十九年，再過一年，進入了民國六〇年代。

那個時代，是整個台灣開始由農業經濟步入工業社會的時代，一方面國際局勢詭譎，一方面台灣經濟也大幅在轉型。

永福建設機構，從最早用我個人名字，郭永福行，到後來企業化經營，變成建設機構，這中間一晃就經過三十個年頭。而最早的二三十年，都是我以最傳統最穩扎穩打的形式在經營。永福建設的logo，其形象就像是一棟堅固的房子，住在裡頭的人永遠都很有福氣。這也是我在創業時期就設計的。

這中間，我也見證了台灣的建設發展史。

當時的房屋示意圖，房屋事業的開始

隨著經濟發展，房子也越蓋越高

江子翠 永福高級店鋪公寓

直到民國六〇年代，我都還是採用自己找土地，自己蓋房子，也自己賣房子的時代，印象中，一直要到民國六〇年代末期，那時代開始有幫人廣告，要簽約賣房子了，建設公司才出現。我記得最早出現的廣告公司，就叫作台北房屋，他們做房屋買賣。當然，當初那一批人，已經解散了，現在若有名字，類似的仲介，已經不是同一家公司。

現代社會，分工密切，建築業也是如此。但在早年的時候，並不是這樣，當開始有房屋廣告公司出現時，他們的業務是很難推展的，畢竟，所有建設公司都習慣自己蓋自己賣，我自己本身也是自建自賣，都經營超過二十年了，說句現實的話，我為什麼要把我自己可以賺的錢，分給你？

當然，後來大家觀念也改變了，知道各行有各行的專業，像現代就是，我專心規畫房子怎麼蓋，營造廠專心的把藍圖化成實際的建築，而房屋廣告公司就專心把房子行銷出去，另外仲介就好好的把房子一戶戶賣出去。

說到這，要提起所謂的房屋仲介，在從前很長一段時間，都是形象很糟的行業，就像是房屋業的拉皮條，中間有很多弊端，若那個時代，有誰是從事房仲工作，會被認為沒出息的工作。

直到後來，信義房屋、永慶房屋的崛起，並且花很大工夫，重塑形象，才有好轉。

其實，莫說從前房仲業形象不好，就連我本身從事的建築業，形象也不好，那時媒體都是一面倒的，報導建設公司發生怎樣的糾紛，誰誰誰買房子，又被偷工減料，常常罵建商是沒良心的商人等等。

對此，我的作法，是用實際證明，我是在做良心事業。

這幾十年來，我敢保證，我蓋的房子，絕不偷工減料，對於我蓋的房子，我絕對負責。我不像有些建商，房子蓋完就跑掉，我郭永福，就把事業的總部設在板橋，也就是我蓋的房子最密集的地方，我公司在這，我人也在這，這是我的一種負責精神展現。

而說起台灣的建設事業發展，在民國七十年以前，台灣大部份都是像我一樣，自己找土地，自己蓋房子，也自己賣房子的人。

算起來，我應該算是建築業裡的先驅或開拓者，像當年，我花了十年時間，我把位在埔墘那七千坪土地蓋完後，我就開始往外面發展，開始在板橋周邊這邊一路找地，一路蓋新屋。

民國六十一年時，我在板橋這邊蓋房子，遇到了宏國建設創辦人林堉琪先生，他當年是一路蓋房子，從三重蓋過來，和我在板橋相遇。

那時他就和我聊，結果一聊，他才知道，原來我民國四十九年就已經開始投入這行了，比他還早。從此以後，林堉琪先生見到我，都會尊稱我一聲先輩（日語）。

房子的演變，見證了台灣經濟的發展史。

民國四〇、五〇年代那時多半都還是平房，到了五〇年代晚期，也就是我永福新村蓋到後來的時代，那時已經開始是二層樓式的建築，並且已經是鋼筋水泥的形式。只是那時還是兩層樓當一戶賣，也就是現代說的透天厝。

民國六十一年時，我已經開始朝埔墘以外的地區發展，那時就有各種方式的建設合作，包括合建、委建，也包括我自己買地來建。那年代就開始蓋四層樓。四樓雙拼，每一戶住一家人，一層樓住八戶。到了民國六十五年才開始流行蓋五樓，也是雙拼，加起來十戶。

在政府法令方面，當時已經有規範，樓房只要是六層樓以上就要有電梯。至於五樓以下可以不隨著時代演進，我也開始蓋五樓以上的電梯大樓，乃至於到現在的十樓十五樓以上的大廈。

初始在四〇、五〇年代時，板橋完全沒有所謂的電梯大樓，那時全台灣也只有像台北市這樣的首都，才開始有電梯，那時，電梯是如此的稀罕，乃至於有人專程去搭電梯，就把那當成觀光景點。就好像今天，我們排隊去搭乘空中纜車一樣的新奇。

而除了房屋的樣貌逐建改變，賣屋的模式也開始變了。前面說過，直到民國六十幾年都還是自己賣，一直到七十幾年，才開始有類似台北房屋這種公司，那時一般建設公司都還不能接受，自己蓋的房子要請別人來賣。

但時代在變，觀念也在變。

到今天就逐漸變成，蓋房子的是建設公司，但賣房子的是廣告公司，早已分工專業化。其實整個法令也在要求建設公司改變，從前營建和營造是一起的，再加上賣房子，乃至於往前推，到最源頭的土地買賣，最早時候，整個建設事業是上游到下游全包的。但後來就規定，建設是建設，營造是營造。要做營造，必須要有建築師執照。像現在的定位，永福建設，就是建設公司，我們規畫房屋藍圖，然後委託營造廠蓋房子，房子蓋好，就是廣告公司去賣。

一環一環分工合作，這已經是近代的事了。

現代蓋房子，都已經有都市計畫了，一切都要按照都市計畫的規範走，都市計畫規定這裡是住宅區，你蓋商業區大樓就違法。都市計畫裡規範這裡可以蓋多少層樓，好比說，在飛航區周邊，蓋房子就有高度限制。

政府本身也是邊做邊學，後面我會提到，許多狀況，因為政府法令跟不上時代，而帶給建商許多的困擾。

以都市計畫來說，大約在民國七〇末到八〇年，那時才有都市計畫。

各種法令規範，也因為各種工安事件，或者輿論風潮，才與時俱進。諸如海砂屋風波，幅射屋風波，或者後來有發生地震，要加強防震系數等。另外在早年的時候，建築法規沒有規範到時，有很多違建，但現代都已納入法令管理，但難免還是會有法令前法令後的問題，例如頂樓加蓋，民國幾年以前蓋的可以緩拆，民國幾年後蓋的隨報隨拆的，種種的問題，都是台灣建築，從一片紊亂走向秩序化，一定會面對的問題。

現代社會，為了建築安全，營建商要和營造商區隔開來，營造，就是實地要蓋房子的，牽涉到住戶安全的，就有很大的規範。一定要有土木執照。

相對來說，我們做營建的人只要有腦筋想到怎樣蓋房子，並且可以出資，落實藍圖就可以做了。

六、大環境變動影響建設事業

走過自地自建的歲月，接著進入買地建設的時代。彼時整個台灣經濟逐步起飛，和整體國際環境影響更密切，但社會人心也漸複雜。在蓋完埔墘地區，開始往外發展時，我也開始碰到各種狀況。就在我開始在現今江子翠一帶蓋屋時，我碰到了我建設事業上，第一次也是至今唯一一次的重大虧損事件。

原本蓋房子我是穩扎穩打的，碰到的也都是老實的鄉民，十年來，沒有碰到什麼大的蓋屋糾紛。也沒有碰到虧本的情事。

這之後兩件都遇到了。

先說說虧本事件。

原本做這行的不太會碰到所謂虧本的事。當然利潤隨著時代演變，沒有像從前那麼好，在最早年自地自建的年代，我賣一棟房子的利潤，多的話是可以到五六成的。之後隨著各種環境的變遷，就算到現代，一般蓋房子的利潤也大致上可以抓在百分之35。碰到像我後頭會提到的各種特殊狀況，也頂多少賺些，但還不至於虧本。

唯有那一次，民國六〇年代初期，我碰到了我建築史上唯一一次虧本。

原本扎扎實實在地方耕耘的我，從來沒有想到，我會受到國際大環境的影響，那年，我邊蓋邊賣，大部分房子也有人訂了，人們都已付了訂金，我也依照過往十年的經驗，按照各階段一層層蓋房子。

突然市場發生驚天動地的變動。真的很突然，所有建設公司都受到打擊。各種國際原料，在那時忽然大幅漲價，當年的環境背景很複雜，牽涉到台灣經濟轉型，以及中美關係逐步生變等等局勢。我們只是勤懇的建商，本來不去牽扯這樣的事。但一下子整個國家，物資缺乏，發生通貨膨漲，整個建築材料都在漲。

現代社會，這幾年報上常在罵說什麼都漲就只有薪水沒漲，人民都生活很苦云云。但老實說，真正的通貨膨漲，是我當年遇到的那種，那才叫可怕。

原本我們鋼筋的原料，鐵的行情是每單位三千，突然間，不知爲何漲到了兩萬多，同時間，其他的建築材料，也紛紛漲價，有的漲多些有的漲少些，但通通都漲。

怎麼辦呢？

我們蓋屋訂金都給人家收了，契約也簽了，是不能反悔的。材料漲了，但身爲建商的承諾還是得履行，而且，非常不巧的，那一批的建案，蓋的房子還特別的多，是一次整個蓋兩百戶那樣的大規模。結果，這是我蓋房子第一次，也是唯一一次，蓋房子竟然蓋到虧損。

其實，我已經算運氣好了，當物料開始大漲時，我整體房子已經蓋到三樓了，當時的規劃，是蓋四層樓的雙拼，也就是說，我整體來說，已經蓋了四分之三了，只剩四分之一的部份，會受到漲價所影響。

彼時大部份的鐵料以及建材都已經買了，所以損失才沒有更嚴重，但終究那還是賠錢的一次。

也就是從那時候開始，我蓋房子開始有著宏觀的格局，會注意到國際原料的變動，會結合外匯政策，爲房子的材料做準備。

不過那年代還是有感動的事，真的很有人情味。

我契約都簽了，房子也蓋了，但竟然在那兩百多戶中，有十幾戶主動拿錢要來給我，說是他們覺得我遭受損失，他們很誠意的要補貼。我當時真的很感動。

但我當時想，這樣會不公平，畢竟總共兩百多戶，不能只收他們十幾戶的錢，再說，以金額來講，他們的補貼也只是盡點意思，那時一戶總價約是二十五萬左右，他們想再加一萬、八千這樣的，其實對總損失無太大助益。

但我要強調的是，當時他們的誠意。

結果我後來沒拿他們給的補貼，畢竟拿了對整個工程作用不大。

但我還是一戶一戶去拜訪他們，真心和他們道謝。
我謝謝他們帶給我內心的溫暖。

這是溫暖的故事，
但也有黑暗的故事。

七、人心不再純樸的社會

在我蓋屋的第十年以後，除了碰到通貨膨漲帶來的虧損事件，我還碰到詐欺。一般的詐欺，我是比較不會碰到的，畢竟那時我經營建設公司也超過十年，接觸人群很久，有很長的社會歷練。

那年代當然也有種種社會宵小，有偷拐搶騙的情事，像是路上裝可憐跟妳要錢，或者假車禍，說你撞傷他了，要給你索討醫藥費這類的，當時就已經有了。

但我碰到的，真的是智慧型的詐欺，並且是要投資一定本錢的詐欺。

那時的狀況，我在蓋屋時，有兩個人，一男一女一起來訂屋。這在那時是很正常的狀況，我看到有人想買屋，心裡很高興，也不便過問他們的關係，心中就認定他們是夫妻或男女朋友。

他們要買房，由於登記只能登記一個人，所以當時就登記那個男方。我依照他的身份證字號等塡寫資料。然後在登記後，隨著房子逐步蓋起來，對方也要一個個階段繳錢，那時都是另一個當時陪他一起來的女方在處理，過程中，她也依規定準時繳納。

房子一路蓋，都相安無事，到了房子蓋完，要準備要過戶時，我們按照程序當然就要問，房子已好了，現在要過戶，請問要過戶給誰呢？

由於一直以來都是那位女子來繳錢，我們當時接洽的窗口就是她，而她也當下指定了一個名字。雖然她指定過戶的名字不是當時簽約人的名字，但這在當時不是奇怪的事，例如有人買屋送給兒子，或者送給妻子，那過戶的人當然就不是簽約人。

反正我們當時也沒想那麼多，就對方有繳錢，我們依照他指定的登記就好。那時代人心還很單純，台灣人口不到一千萬，我們完全不疑有詐，把房子過戶登記完，以爲完成一件事了。心中完全沒在留意。

沒想到過了一陣子，那個最早簽約的男子出現了。

他來我們建設公司，開口就問，咦！房子都已經蓋那麼久了，爲何到現在還沒人通知他要來過戶呢？

我們當然就跟他說，那個某某某已經來登記，把房子過戶了。那人就反問，請問我有跟你們說過，那個某某某是我的誰嗎？當初房子是我登記的，這房子應該是我的，你們怎能聽信非我本人所說的話？把房子隨便過戶給陌生人呢？到那個時候，我們心中已經知道，碰到詐欺事件了。但白紙黑字，當初登記的人的確是他，我們現在已經把房子過戶給其它人也要不回來。於是，即便知道這是詐欺事件，我們也只好摸一摸鼻子，自認倒霉，我們要把房款退還給那位先生。不但必須「退還」他買房子繳的款項，當時「賣出」的那戶也損失了。並且還需和他道歉。

往後隨著社會發展，我們在報上在新聞上都可以看到許多的詐欺事件，有的博士生被騙走幾百萬，有的老人被騙走一生積蓄等等。

但在民國六〇年代，這算是很罕見的一個智慧型詐欺事件。

可以說，從這件事的發生，也可以開始看出，台灣從純樸的農村社會發展到工業社會的同時，人心也已不古。世風日下，我們開始要提防人心險惡了。

八、從七八〇年代到九〇年代

雖然社會逐漸變得複雜，建設公司的環境包含法令面，大都市發展面，也都和以前不可同日而語。

但永福建設，一路走來，仍秉持著誠信的理念，數十年如一日，以誠爲本。

雖然偶爾會碰到一些黑暗面，我後面也會再提幾個建設事業過程中的挫折，但大部份時候，我覺得，碰到的都還是比較溫暖的事。

蓋房子這幾十年，我交了很多的朋友。

例如有一個住戶是皮鞋工廠的老闆，那老闆會親自訂作鞋子送我。

或者是閹雞廠老闆，對方過年過節，也會把他飼養的雞送給我。

這類的故事很多，而我自己，如同我前面說過，我在早年還沒有所謂客服的年代，就已經懂得常態建立客戶資料庫，過年過節時，我都會寫卡片給對方，不論是十年前的客戶，或這幾年的客戶，只要是我蓋的房子的住戶，我都會和他保持連絡。

相對於當時的媒體對建設公司的評價，說建築業是偷工減料的行業。我以具體行動打破這種思維，我也把建設公司總部設在如今板橋雙十路這邊。我蓋的房子都在週遭，他們有問題都可以來找我。我建商就在這裡，永遠負責。

這也是我做人做事的一種光明正大的思維。若一個人一開始就不能作的直行的正，那事業一定很難長久。

再回頭來談我的建設事業，由於我故鄉在江子翠，對這邊比較熟，在我蓋完埔墘那一帶後，接著我就在江子翠這一帶發展。現在你們看從捷運江子翠站四號出口出來，一路往雙十路過來，很多的房子，都是我們永福建設蓋的。包括我自己的建設公司總部，也是設在板橋雙十路。

也剛好，每當我一塊地快蓋完時，就剛好會有人說他有一塊地要找我合建，然後我就繼續在板橋發展。

以板橋爲主力，當然中間也零零星星的有些建案，會朝外地如土城等地發展，但基本上，我都是在板橋蓋屋。

一直要到民國九十年，那時板橋已蓋得差不多了，沒什麼可以蓋的地方了，我才開始就比較常往台北市發展。

在台北市發展時，就比較常參與政府標地的專案。

在過往的十幾年，我也標了七八塊大的土地了。當然我們比不上那種大財團，我們是穩扎穩打，穩健經營。而在此同時，我們可以看到其它的建設公司，都逐一朝多角化經營。都開始朝多角化經營。例如：有的建設發展其它事業，創立飯店體系。再例如：有的建設也朝觀光事業發展，他們甚至也把發展觸角伸到中國大陸去。有很多建設公司，就是把建設變成是整體集團事業的一部份。

永福建設這邊，我們一直採低調，有的是興建住宅銷售案，有的是興建商辦大樓招租。我們認真把本業作好，但隨著資金比較充裕，我也想把事業多元化。

像我有投資和益化工，另外我有投資其它的，包括璟德電子等。這是個陶瓷精密元件事業，也是上櫃公司，做的是現代高科技商品裡的被動元件。

關於這，那又是另一個話題了。

九、蓋房子的經濟學

進入現代工業社會。建築是門學問。其規模已遠非當年我自地自建平房那種格局。在現在，蓋房子也要講求策略。

以前我每次買一片地，就會專心蓋房子，蓋完了賣出去，就再買一塊地，然後再蓋房子，再賣出去，如此週而復始。

但現在我買土地，已經不再固定用這種模式了。而是會留意若有比較好的點，例如若是在大馬路，可以辦公的，我就會特別一部份留下來，以租用的形式來取代純粹買賣的方式，但若在巷子內的，就比較偏向賣掉。

爲什麼會這樣，是有原因的。

現代人不是在說嗎?這一代的年輕人一輩子買不起房子，因爲房價飆漲，像若是在大台北都會地區。一個上班族以現在的薪資水平，就算每天不吃不喝錢都拿去存也要存二十年才買得起房子。

房價飆升，很多人就把矛頭指向建設公司，好像建設公司是炒作房地產，害大家沒房子住的元兇。

其實，房子會飆漲，原因不在建設公司。

做生意都是要利潤的，各行各業都一樣。蓋房子的，利潤最好的時代是在我剛蓋的那年代，民國四〇、五〇年代時，土地是自己的，自己備料請師傅做，那年代好的時候利潤有高到60%，但後來就變成30%左右。而進入現代化社會，我們蓋房子的人，其實也常在說，年年蓋屋，但其實都賺不到什麼錢。

我舉個例子，假定今天我手中有一塊土地，我把土地拿來蓋房子賣掉了，我賺了30%，但蓋完之後呢？當然要再找一塊新地蓋啊！但這時卻發現，要買土地時，土地已經漲了很多，要嘛！不買地，不再搞建築；若要買，眼前遇到漲價問題，不但把之前的賺的30%要貼進去，甚至這樣也還不夠。

以一筆單一的案例來看，是有賺，但加上第二筆來看，就是賠了。那你說我們是賺還是賠？！

所以一切關鍵都是在土地，我很多建案都是這樣。你說房價爲什麼那麼高，因爲土地價格變高了。土地價格爲何會變高，那是因爲地主漲價，甚至政府自己帶頭漲。常見有的情況，今天我們去標一塊地，然後依照政府定價成交，接著蓋房子，蓋好賣出去，接著要買第二塊地，明明是和上一塊地一樣的條件，一樣的地理位置，一樣的交通及週邊環境，但這回買卻比上回漲了許多，好比說，原本一坪兩百萬，現在變成兩百五十萬。

房價飆漲，民眾買不起，以為都給建設公司賺走了，其實並不是，而是都給地主賺走了，包括政府，也是地主之一。

因此我們就學乖了，既然土地值錢，我們就不再是像早年一般，土地買來蓋完就賣，我們會開始留意，有些房子若地段好，好比說是在比較大馬路邊，有長遠發展時，那我可能就選擇不賣的方式。而改建成只租不賣的辦公大樓。如此，才能不會被土地漲價吞掉未來的利潤。選擇先不要賣土地也是被迫的，因為既然大趨勢是越買越貴，那以經濟學來計算，當然就越早買越好，可是我們做建築的，總不能只買不賣，畢竟我們蓋房子是要給人家住的，所以後來我們發展的策略，就是在賣的同時，一定也要買。

以我們的經驗，假定我們常態希望手頭上保有三塊地，那我們就是手邊永遠要有三塊地，不要都賣出去。其作法是，每當我們決定開發某塊地，蓋成大樓賣出，那在賣地的同時，我們一定也要趕快再去買一塊地，補足三塊地的額度。千萬不要說等第一塊地蓋好房子，賣出獲利後，再來買新地，依我們的經驗，賺的錢永遠趕不上土地上漲的速度，錢四腳，人兩腳哪！最安全的作法，就是賣的同時，就要買，這樣才可以依當時的行情買到對等的土地。

在我們建築業的財務學中，絕對不是說手中握有現金最多的是財主。相反地，手中以現金持有的是最笨的作法。當我們在蓋房子過程中，因爲賣土地進來一筆大錢，那絕不要高興。那筆錢在身上放越久，會越不值錢。好比說你現在公司有五億的資金，那你絕不要放在銀行裡，放保險箱是最錯誤的作法。你一定要設法把這筆錢拿去再買一筆土地，而不要以現金的形式保存著。所以這也是爲什麼現代很多建設公司，只蓋一批房子後來就消失了。消失的原因有兩種，都和土地有關，一種是房子蓋好後，收入已經無法負擔再下一批房子。另一種就是本來就採建一批見好就收，本來就沒長遠規畫，就是把現有土地處理完就好，之後建設公司沒了，買屋的人也失去保障。

十、最大的挑戰，來自於落後的法令

有關蓋房子的學問，從以前到現代，改變真的很大。

在從前做建設的，像我，可以白手起家。那時代不用建築執照，雖然需要蓋屋資金，但也不像現在經常動輒要幾億的。

進入現代化的社會，當然不再可以這樣。蓋房子已經變成一種精密學科，要結合工程、力學、設計圖學，還要融入經濟學、都市發展學，乃至於環境保育、藝術美學，更別說要懂各種法令規範，還要融入社會學。

現代人可能八點檔連續劇看多了，劇中很多時候都把主人翁背景設在什麼建設公司，把建設公司當成財團，當成黑金巨人。並且片中，會有兩家建設公司互鬥，勾心鬥角什麼的。

其實，各行各業都有競爭。但以建設業來說，最大的競爭環境，不是和其它建設公司競爭，很多時候，我們面對的挑戰，是來自整體社會的觀念，甚至要對抗落伍的政府法令。

至於你說兩家建設在一起競不競爭，其實，我要說，蓋房子畢竟和一般消費商品有很大不同，今天你賣A品牌飲料，另一個品牌B飲料會和你競爭，因爲消費者若喝了A飲料，就不喝B飲料。但蓋房子不是這樣看的。

每家建設公司，有不同的設計理念，在每個不同地段，蓋出不同需求的大樓或大廈。買屋的人，每個人有不同的需求，會自己在喜歡的地段選自己預算負擔得起的房子。

除非在同一個地段，兩家公司各蓋一間類似的大樓，買房的人要兩邊選一邊，那就比較競爭。或者說，好比在現在的淡水區，它是在有限的地方，依山面海的狹窄地裡，有很多公司要蓋房子，同時有很多建案，那就的確會影響到單一建地案的銷售。

當年我和妻子共兩人，一起蓋房子的時代，那時沒都市計畫，我蓋的時候就要去申請名字，還可以用自己的名字當村名，我的建設事業第一批作品就是永福新村。那個年代沒什麼糾紛，地址命名也很簡單，就是永福新村幾號。那時敦親睦鄰，郵差送信也很方便。

時光荏苒，那樣就早年代的純真已經一去不復返，現代蓋房子，不論是社區或大樓，都要請保全人員，要有人巡守社區，即便如此，也還是會常有偷盜的事件出現。

但在我建設事業上，所遇到最大的挑戰，還是來自於因爲政府法令的不健全，而導致的建設公司損失。

而且很痛心的，以前早年時代若有虧損，可能是因爲來自國際物料漲價，但後來發生的各種建設損失，卻經常是來自住戶端的抗爭，而間接鼓勵這些住戶做非法抗爭的，不是別人，正是本當引導各行各業發展的政府。

現在是民粹的時代，很多人都喜歡標榜著抗爭有理，碰到什麼事都要出來抗議，也許最早的時候，是真的有純爲一個美好理想發聲，真正振臂疾呼一個理念的人。但後來許多的抗爭，不論是遊行、示威，都已經變質。有的包裹著社會運動的外衣，內裡卻是爲了榨取金錢，特別是在一般社會觀念裡，建設公司是經常被污名化，被視爲財大氣粗、被惡意投射爲最適合抗爭對象的「壞蛋」。若再加上政府不分是非，只一味站在「弱勢就是對的」之角度想事情，那真的會帶來很多不公平的情況。

十一、鄰房事件

直到現在，我每當想到這類事情，就內心很激憤，那是一個典型的，政府放任不公不義去殘害正常經營企業的例子，雖然後來經過教訓，政府的腳步終於跟上來了，但過往的傷害已經造成。而且實際上，直到今天，還是常有類似的事件發生。

那就是所謂的鄰房事件。

這不是單一事件，而是在八〇年代普遍發生的一個社會現象，正逢整個社會轉型，各種改革開放的後遺症之一，就是人民動不動就喜歡來伸張正義，表達不滿，動不動就遊行示威抗議。所謂人民的聲音開始被重視，但整個政府法令卻仍未規範完善時，就發生一些混亂的，乃至於有傷善良企業經營的事件。

簡單說，鄰房事件，就是當我們建設公司在蓋房子時，因為營造施工種種過程，讓建地週遭的居民，覺得自己權益受損，內容嚴重的包括，因施工帶來的土地及屋牆裂痕，甚至地層下陷。輕微的包括各種噪音控訴、盆栽植株枯萎等等。然後居民們聯合起來抗議建商。抗議什麼，就是抗議要求賠償，就是說要向建設公司要錢的意思。

實在說，以我們做工程的人來說，本來施工時就要做好各種地質以及影響度的評估。前幾年常看到好比說捷運施工，帶來地下水管路斷裂，帶來馬路淹水，甚或地底突然塌陷一個大洞，造成傷亡等。這中間是有牽涉到施工前是否有評估的問題。但真正沒做好評估就施工，造成傷亡事件的畢竟是少數案例。若蓋房子動輒就怕影響到其它建物，那全台灣都不用蓋房子的。正確的作法是做好完整的評估，一切依公共安全原則來施作。

可是如果都已做好評估，但居民仍一味的抗爭，那就是純為抗爭而抗爭了。

說起那年的事，即便已經是二十年前的過往了。每當想到，還真會覺得，那段日子真的是一片烏煙瘴氣，每天要面對的就是一堆煩人的抗議，以及因為政府不管事而必須讓企業自助的苦處。

最嚴重的那一次，就是在鄰房事件鬧最兇的那個時候，有多達上百戶的人，來和我抗議。請求賠償。

那真的是惡意的敲詐，好比說，因爲我蓋房子的原因，不論直接或間接，如果真有造成他的損失，原本那損失程度是一塊錢，那他去抗議時會要求賠償的金額就說成是一百元。

人之常情，當我看到隔壁因爲抗議陳情，而吃到甜頭，有錢可以拿，那有錢賺，不拿白不拿，他抗議那我也來抗議。這幾戶抗議，有賺頭，其它幾戶沒有錢當然也會眼紅，也就一起加入抗議。就是這樣，純爲貪心，所以我蓋一棟樓，周邊的人像蒼蠅看到鮮肉般，紛紛沾惹過來，超過百戶。依照憲法賦予的權力，你居民有依法抗議的自由，這畢竟是民主社會嘛！但你過程要憑良心啊！有的居民不是這樣，當依法你要在表單上塡寫損失時，比較有良心的，本來損失十元的，會寫成二十元。比較狠的，就會寫成一百元。當碰到這種事，我們是被不當抗議的善良建商要找誰，當然要去找政府。結果很氣人的，當時，政府只會要建設公司「你們雙方自行和解，才發給使用執照」，而不去深入了解原因。完全不管企業的死活。什麼叫作「照規定」？在從前並沒有這樣的事，也沒有相應的法規，而政府所謂依規定，就是只要有人來抗議，事情沒處理完前，你就不能領到執照。也就是說，只要沒得到抗議的人允許，你就不能將房子合法移交給買屋的人。

原本的法令是要保護善良的居民，若真的因建商建屋過程有什麼不合法，損害居民權益，就必需負責補償受損的居民，才能結案。

但立法時，怎麼會想到，所謂「善良的居民」，已經成了「專業的抗議高手」。若政府放任各種抗議向建商予取與求，那等於就是和那些民眾一起和建商詐錢，假借民意的力量，傷害真正善良的建商。

十二、用真實數字說話，對抗惡質抗議

那年代，我們爲了處理層出不窮的鄰房事件，被搞得焦頭爛額，建商的責任本是蓋一個好的大樓，讓買屋民眾有很好的居住空間品質。現在卻須花很多精力做不是建設直接相關的事。

你可以想像那種情況嗎？每天面對的，一邊是周邊的住戶，仗著群眾力量，甚至找了些根本不是住戶，像是「兄弟」的人，就來吵你鬧你，對著你抗議要錢。一邊是合法付錢買屋的民眾，他們已經繳錢，但我們房子卻遲遲無法點交給他們，面對他們的焦急

詢問，我們也只能一次又一次的說抱歉。

事情總不能因爲抗議，而一直卡在那邊。但也不能就向惡勢力屈服，付錢了事，因爲那是無底洞，怎麼賠也賠不完。

怎麼處理呢？我們用的是科學客觀的方法。

所謂就事論事，數字會說話。你房子有沒有受損害，不是建商說了算，也不是居民說了算。那是誰說了算呢？當然是「事實」說了算。什麼是事實，那就要靠科學的、客觀的、專業的鑑定。我們作法，就是委請土木技師，建築技師，來去鑑定，他們是專業機構，有公信力，也不會被收買，那是種高尚的職業道德，就好像大法官一樣，由他們鑑定。一個房子，到底有沒有損害，若有損害，是因爲我的建案的關係嗎？這些都可以用科學專業的方法釐清。

經過這個程序，那就比較清楚了。

鑑定的結果只有三種，第一種，住戶的房子真的有損害，並且和本建案有直接關聯，那凡事都有其標準，磁磚壞了，該賠多少，牆壁裂縫，必須怎樣處理，是可以修復還是必須打掉重做，這都可以專業判斷，也有市場公定價格。

第二種，房子有損害，但和建案沒有關係。就是說，那是該屋本來就有的損害，專家可以一看就知道，一個所謂的破損，是新近發生的，還是發生已有一段時間了，只是趁著有建商蓋屋，想趁機敲詐，把損害賴給建商。

第三種，就是根本沒損害，住戶純粹是要想和建商誆錢。

這些都是可以以科學的方式，公平公正呈現的。我當時就是這樣請了土木技師，建築技師，來去鑑定。他們都是建築公會、土木公會核定的專家，都依照公開方式，去一家家房子鑑定。他們也依照科學數據，做出了損害報告。公會當然不會循私，這牽涉到整體信譽的問題，是新近剛損壞的，或早就壞的，他們都看的出來，整體報告也都將受損情況一一的列出，上頭清清楚楚地寫著，某某戶有哪些損害，是大約損害多久了，某某戶情況又是如何如何，若賠償依公定價是多少等等。

好啦！現在報告已清楚的列出，我們也都繳交了鑑定費，看到百多戶的報告出來，我們也都承諾，有損壞的，我也們保證會去修。報告書最準了，現在報告有了，我們也都會負責處理。但政府怎麼說呢？真正讓人很生氣的，還是那句「照規定」。規定是什麼呢?政府竟然說,我們要一一取得這些鄰房住戶的同意書,「全部蓋章」才願意發給執照。

結果可想而知。

依照政府規定,要鄰房住戶同意嘛!否則你就拿不到執照。那建商怎麼辦,便要去請住戶同意,說「請」還是客氣的,事實上,是「拿著錢去拜託」。

人家說:「登天難,求人更難」。

我們一個合法蓋房子的建商,為什麼現在要被政府逼得,明知道對方是在敲詐,我們還得一邊奉上現金,一邊低聲下氣的去拜託住戶簽同意書。

為什麼政府要讓合法商人去面對這種狀況?

同意書好拿嗎?想也知道,大家都會心存觀望。

今天他看到你還沒簽,我看到他還沒簽,那就都會彼此等待,不會有人先繳交,大家人同此心,心同此理,都希望在這個過程,看可不可以再撈點好處。

反正你今天若不能取得我們的同意書,你就沒法交屋,你就完蛋了。所以你有求於我。怎麼辦?當然是錢再多給我們住戶一點囉!

看起來很像連續劇的劇情，老實的商人被吃得死死的。但在當年卻是真實發生的案例。

這事情演變到如此劇烈，你居民可以抗議，建商也不能一再容忍被挨打，建商也群起公憤，發出怒吼。

一個人是個案，兩個人是狀況，三個人那就大事了。當不是只有兩個三個建案碰到這種居民勒索，而是全台各地都有這種事情時，那政府才醒覺，不對，不處理不行了。這就是當年鬧得沸沸揚揚的鄰房事件。

十三、鄰房屋損事件

說說我當年在鄰房事件，碰到的種種誇張狀況，整個結論其實就一個，人心的貪婪，總希望有機會詐錢就儘量詐，反正對方是建設公司，又有政府做我們的靠山，不詐白不詐。方法很多，除了當時的鄰房事件外，後來還有其他種方式，我後面會講到，都是找各種管道，向我們建設公司壓榨金錢。

我到今天都還記得，當時我面對的一邊是合法買屋的人，會催，要趕快進駐，畢竟買個家園是人生大事，希望趕快住進去。

一邊卻是抗爭要多撈些錢的住戶，他們不斷的杯葛，不讓你取得執照。沒取得執照，房子就不能正式入住。

而政府呢！是最令人生氣的，他們站一旁，事不干己似的，冷眼旁觀。

那次的鄰房事件多誇張呢？

很多居民還真的很敢獅子大開口。當我們拿著公會開出來的鑑定書，一戶戶去拜託，果然，每戶都會想找麻煩，沒有人會依照誠信簽下同意書。

他們根本不同意鑑定書內的數字，都會說，我損失那麼大，你沒賠償我，我不簽。其誇張的程度，有的人，若鑑定書上說損失十萬，會多要個兩倍三倍，最誇張的案例，是竟然獅子大開口，本來不到十萬，他們卻要個幾百萬。可以這麼說，他們開口要的數字，誇張到，若我把現在將他整間屋子打掉，重蓋一間送他，也都不用花那麼多錢。

真的很惡意，就是說，我們也不必雙方再在那邊爭來爭去，不要再討論說這裡壞了那裡壞了，就乾脆啦！我幫你蓋一間新房子，也比要的金額低。

就是這樣，被各戶刁難，他們都不肯簽而我們去找政府承辦單位，他們總是那副事不干己的嘴臉，所以說後來人門對公僕的印象很不好，不是沒有原因的。

當時他們講話的語氣，我都還記得。

他們就只會說：「你們自己解決嘛！你們自己解決嘛！我沒有辦法！」

還好，人心的力量還是可以逼得政府往前。

不是只有住戶會抗議，我們善良的建商也會抗議。怒火燃燒的聲音，直接燒到原本痲木不仁的政府承辦單位。

那時事情真的鬧很大，報紙也都在報。因爲大家都被激怒了，所有建設公司都碰到這種勒索，因爲大家會告訴大家，這個地區的告訴另一個地區的，說只要有建設公司在蓋房子，就可以趁機去撈一筆錢，他們會願意花錢了事。一傳十，十傳百，這種災難普及到許多建商。加上中間有人在慫勇，包括也有黑道介入。

實在說，這類事到現代都還有，甚至專業化了，普及到各行各業，變成許多事都有人要抗議，而且有專人操作。誇張到，有專門的公司就是在做抗議的，你今天想抗議什麼事，只要一通電話，指名說今天要幾個人，要三百個人，他就送三百個人過去。純粹就是職業性的技術敲詐，破壞民主的本質。傷害善良的廠商，也破壞社會的秩序，非常的惡質。

而政府再不出來管，就是無能了。

好在事情鬧大了，政府中終於有人醒覺，要去想解決的辦法。也終於才有後來的一個制式合理規定。那就是，我們建商只要真的有去做好鑑定這個流程，那將公會鑑定出的賠償金額，提存起來，這筆錢要提存到法院，做一個公證保障說建商後續會處理，居民權益也有保障。當你提存後，法院會給你收據。那有了這張收據，就可以跟政府申請使用執照。

事情才算解決了。

這件事對我的打擊很大，原本我的建屋政策，就是不以預售屋爲主，經過這個事件後，我更是確認，我們永福建設，不再做預售屋。以後就是當我資金籌到百分百時，我才蓋房子。就是爲了不再碰到鄰房事件，因爲當住戶知道你趕著交屋，若不交屋就會碰到難題時，他就更可以敲詐你，逼你付錢就範。

那時代很多案子，真的就得花錢了事。查當時新聞就知道，這類事很多，很多建設公司都被敲詐。

這也算是建設界的一段辛酸史。

十四、從建設事業看到人性的不再單純

我是很早就在蓋房子的人。從民國四〇年代，一直到現在民國一百多年了。這中間也見證了，台灣民眾的各種人性轉變。

早年時代是最純樸的，蓋一百戶，可能也遇不到一件糾紛。現在卻是，蓋每棟房子，都會碰到各種人性的貪婪面。

我們永福建設，是講求信用的。並且我們都是很低調的。像前面講過的例子，如果對方不要獅子大開口。我們都還是以和爲貴。

好比說，假定鑑定價明明是二十萬，但對方跟我們索求四十萬，我們基本上也都還是會給，不想把事鬧大。有金額再大些，也經過好心溝通協調，好說歹說的，請對方不要索費那麼高，我們儘量把事情解決。

但即便如此，都還是硬是有一兩戶，就是要獅子大開口，就硬是吃定我們一定得退讓，他們不願意依照鑑定書上訂的金額，並且索求很不合理的費用，否則就硬是不簽同

意書。

怎麼辦呢？最後還是得鬧到法院，因爲他不簽同意書，並且告我們。告到後來，他們才知道偷雞不著還蝕把米。

原本他們若不那麼貪心，假定鑑定書是說十萬，他們要個二十萬，我們還是會付。但現在他們要的價碼卻是天價，甚至比整個打掉重弄還過，好比說，某個房間整個重蓋要一百萬，他們的索求卻是一百五十萬。結果最後法院判下來，整個只個修理，花三萬就解決的東西，法院判決是要付六萬。那我們就付六萬結案了。而那個貪心的住戶，不但拿不到他要的錢，在打官司以及之前處心積慮要錢的日子裡，工作也不專心做，反而損失更多。

由這個案子，可以看到居民當初抗爭的荒謬。

但是這種事後來還是一直發生，有件事說來好笑。

當初我在某個地方蓋房子時，發生了鄰房事件，那年代我們比較沒經驗，很多時候選擇以花錢了事。

如同我前面說過的，我賣地時，若手邊有三塊地，我不會全部賣掉，一定會先去其它地方買地，因此當年在我蓋屋被抗爭那塊地旁邊，還有另一塊地，因政策的考量，我們當時先放著沒蓋。

時隔二十年了，我們買了其它塊地，在評估後，決定在那塊地蓋房子時，此時，過往那批人食髓知味，就又來要錢。

真的，你就會發現，就是當年那批人，還真的是原班人馬，只是都老了些，現在同樣的那些人，又出現在你門口，又是和你演出要求賠償的戲碼。

只不過此一時彼一時也，現在的環境已經和以前不一樣了。

他們不知道，政府已經對這一塊有新法令規定了。他們還以爲，又看到肥羊來了，畢竟對方都是同一個老闆，都是叫郭永福嘛！

但我們現在都學聰明了，都會先去做鑑定，才開始動工，那些住戶想依循往例再來玩一次抗議遊戲，但這回他們拿不到好處了。我們已經有鑑定書，已提存法院。他們討不到便宜了。

直到現代都還這樣。這就是人性。

這期間，我們也看著政府逐步成長，發生一件事，才走踏一步。不經教訓，就不會改變。

而除了鄰房事件，還有其它的事件。

現在政府有規定，每一批房子蓋完後，要依照一定比率提撥一定資金，放在縣政府那，要等住戶組織好，成立管委會，可以派代表了，再由他們和建商來點交，要點交什麼呢？

因爲是大樓，就會有公設，有電梯，有庭院等等，這些屬於公領域的，要和管委會點交，例如電梯有幾個，幾個幫浦，甚至幾個花圃等等，一個一個蓋章，蓋完章後交接給管理委員會後，就是財產移交了。

理論上，一切依照點交程序，應該沒問題。但實務上，還是會有問題。現代人常說經濟不景氣，不景氣就會想方設法去生錢，而我們建設公司，明明是讓城市繁榮的功臣，卻也老是被污名化，被視爲什麼房價飆漲的得利者。既然是得利者，就會有人想和我們壓詐錢。

十五、沒有保固期限的一再付出

現在我們去商店買東西。都會有一些消費者保障，七天不滿意可免費退貨等等。買一些電器用品等等的，也會有保固期限，通常是一年。期限內東西壞了，只要不是故意爲之，就可以送回原廠免費維修。

蓋房子其實不是買東西，蓋房子本身就有很嚴謹的法律流程，牽涉百萬千萬的資產移轉，是更爲慎重的。

理論上，我們房子蓋好了，依照法令，移交給管委會。以商業術語來說，就是銀貨兩訖，一當點交，簽字說了算。後續就是大樓本身的事了。

但實際上，不會那麼好說話。

有的管委會，一定會三天兩頭來拜訪你，跟你說這邊有問題，那邊要加東西。特別是像永福建設這樣正派經營的企業，我們的公司就設在這裡，住戶可以直接找上門。

然後就會碰上沒完沒了的，加這加那的。

不是都點交了？不是都簽收了嗎？

又不是預售屋，會說什麼實際成屋和當初講的不同。現在是直接把成屋給你，你簽收時看到的已經是實物，哪還會有什麼問題。

爲什麼後來又說這邊要加裝個什麼？

其實講白了，就是管委會要和你要回饋金！

甚至有的人，也不掩飾，就直接大剌剌坐在你辦公室裡，表明說，要建設公司幫忙。

今天這邊幫忙一下，明天那邊幫忙一下。這可絕不是一千兩千的小幫忙，也不是一萬兩萬的小幫忙，我們有的案例，房子都已經蓋好了，也點交了。但是後來還是回饋給管委會增添設備，花了三四百萬。

基本上，我們為了敦親睦鄰，及維持信譽，通常都以和為貴，仍然會付這筆錢。雖然其實可以不用給的，因為明明就是成屋給妳，又不是預售屋。

而且，當你一年一年要，都過了五年，還要我們幫忙，那時候，老實說，五年也不短，有些東西還是會損耗的，那管委會就要我們做新的。真的是沒完沒了。

其實不是每家建商都會理他們。就如同我們前面說過的，有許多建商，一蓋完就解散了。根本就找不人了。只有像我們這種合法的公司。才會讓他們予取予求。

而他們也自知理虧，通常態度比較好，就笑笑的和你拜託，幫忙修一下那個啦！做一下這個啦！拜託啦！回饋啦！我們的作法，就當作是做功德吧！只是這個功德，今天加一點，明天加一點，加起來也超過四百萬，還不如拿去做慈善事業，可以幫助更多的人。

但當然也有建設公司不買帳。

那自然就會鬧糾紛了。這樣的事還真不少，所以常看報上，或者聽人家說，建設公司牽扯到各種官司，最常見的是建商和管委會互告，不然就是和住戶，都是這類事情。一般民眾不會去細究背後的原因，常常就認定是建商的問題，反正建商是財團，是財團就是黑心商人之類的。很多都是電視上長期抹黑的錯誤印象。

而說起房屋點交。其實以大樓來說，一般民眾，只會管好自己家裡的事，並不真的會去關心什麼公共建設，若真的要管，也都委由管委會。但實務上，管委會本身也不是建築專業。乃至於現代社會，竟然誕生一種新公司。

他們的業務是什麼呢？

就是幫管委會做點交。

一件原本的制式流程，可以變成需要一家公司來做，可見其中有多少油水。可別以爲這種點交的工作，每個案子只是十萬二十萬而已喔！大部分案子都是收費超過百萬的。

各位想想，點交房屋，又不是做什麼買賣，這中間又沒有生產出什麼具體的商品或服務。那百萬的錢從哪裡來的？還不就是羊毛出在羊身上。管委會做點交，錢從管理費中拿，然後源頭又去和建設公司要。

甚至有少數點交公司，還會兩邊收錢，一邊向管委會收，一邊要向建設公司收，你若不給，他就給你刁難，讓你點交不過。

這種事現在還常有，這就是我們建設公司常碰到的無奈事件。

十六、與時俱進的建設事業

永福建設做事勤勤懇懇，穩扎穩打。我們以和爲貴，盡量不要去和人攪和，若可以金錢解決，經常就是花錢消災，我們沒上過新聞。但基本上，我們希望政府法令可以多給我們一點保障。

現代人的信任感已減低。

很多事情交易，你懷疑我，我懷疑你的。不復像古早年代的人心純樸。

例如，後來我們土地都有信託，就是中間透過銀行來做擔保，讓雙方比較安心。就是說你我買賣，本來都很單純。但一當有人有質疑，一方怕付錢後，拿不到東西，或東西有問題。一方怕東西交了，結果錢拿不到錢。已經彼此不信任，所以現代都要透過銀行信託的手續，這樣付錢的敢付錢，交屋的也敢交屋。

而在建設的過程中，許多法令的變動，也會對我們建商造成很大的影響。像我們有聽過一個名詞叫做容積率，什麼是容積率呢？就是指基地內建築物總樓地板面積與基地面積之比稱爲容積率，簡言之即建坪與地坪之比。例如：一百坪基地上建築四層樓房，每一樓的樓板面積爲五十坪，則總樓地板面積爲二百坪，其容積率爲200%，如果每一層樓的樓板面積爲七十坪，則建築總樓地板面積爲二百八十坪，其容積率爲280%。

另一個名詞是建蔽率，其是指房屋投影面積與基地面積的比率，比率愈低則留下的空地愈大。例如：一百坪基地上房屋的投影面積爲六十坪，則建蔽率爲60%容積率和建蔽率都是都市計劃後，才有的詞語。透過都市計劃，也就是政府的管理，約束各種建設的範圍，其目的在於依當地計劃人口，規劃配置適當的土地使用分區及公共設施，引導人口均衡發展，確保地區環境品質，另外也和塑造都市景觀有關。

在早年開始有都市計劃的時代，那時比較重視建蔽率，簡單說，就是說若是商業區，他給你蓋八成，例如若是一百坪土地，你就只能蓋八十坪，要保留二十坪當做公地，若是住宅區就要留六成。其餘四十坪做公有地，成爲廣場花園等等。

以道路若來說，若是五米路，準你蓋五層樓，就是說路的寬度乘以一倍半，十米可以蓋十五米高，就是大約五層樓。

至於容積率則是在更後來年代才出現的，那時就變成不是談幾成幾成。而是說若你的土地有一千坪，我容積可以給你幾單位這樣的概念。

各種政策只要有明確的規範，我們依法遵守就好。最怕的就是政策不明，有模擬兩可空間，比較會造成問題。

以容積率來說，他是都市計畫中的一個重要技術指標，它間接反映了單位土地上所承載的各種人爲功能的使用量，即土地的開發強度。人口眾多的地區往往建築容積率較高。容積率越高表示土地的利用率也就越高，但是對周邊的城市基礎設施的壓力也越大，因此不可能無限制的提高容積率，所以世界大部分地區對於城市的建築容積率均有管制。

要管制可以，但這中間有時候會出現問題。例如當政府宣佈何時更改容積率標準，若新標準比舊標準來說，可以蓋的面積變少，那可想而知，建商爲了多蓋點地，一定會搶在新法施行前，能蓋多少房子，就蓋多少房子，這就是爲何當時媒體報導的「建商搶建」。因爲對建商來說，每多蓋一坪，就可以多賣一坪，多賺一坪的錢。花差不多的時間，建商當然蓋越多越划算。

但往往因此造成問題，建商在搶蓋房屋的同時，一方面可能因爲趕工及量大，多少有降低到品質上的考量。二方面，房屋也是屬於供需市場，你蓋房子不是因爲需求，而是因爲要搶在法令前蓋，如此將會造成房屋供給暴增，其直接帶來的後果就是，有一段時間，空屋率高，房子賣不出去。對於資金不足的公司，就可能因週轉不靈而倒閉。

房屋的興建，簽涉到許多的環節。和整體大環境也息息相關，政府的每個政策影響建商甚鉅，最明顯的，像是我前面說過，政府標售土地，明明是同樣性質的土地，但去年兩百萬，今年變三百萬，政府漲價賣，建商成本增加，也只好售價提高。

當政策不明時，有時就讓有心炒作的人有個空間，很多人看好房屋興建有賺差價的可能，他們也不會有長期計畫，就是幾個人湊一湊，有筆資金，蓋了一批建物，可能就是預售屋，然後錢收了撈飽就解散。絕不會做長遠的規畫。

對於住戶來說，沒問題則已，若有狀況，建商都不見了，可以去找誰呢？

若政府的政策上，可以鼓勵優良長期經營的建商，其也對廣大的市民有更大的保障。其它還有像是都更。這其實就是政府爲了讓建設公司來蓋房子，而付出的一點甜頭。政府因爲原本土地住戶很複雜，要整合很難，但爲了整體計畫，如果一般這塊地可以蓋六百坪，那我通融可以多蓋一百五十坪，也就是說政府優待給你，讓建設公司有誘因可以蓋。

對建設公司來說　多的坪數當然是多的可以獲利的來源，因爲現代土地，多一些坪數多的可能是一兩億。

至於都更後，牽涉到許多的細節，每個環節都影響到住戶的福祉，還是要說政府做爲政策訂定端，要有遠見。

我今年已經年過八十歲了，見證過台灣建築業從平房到如今電腦化時代，高科技的大廈，也見證了，政府從最早的沒有都市計畫，到現代的複雜的城市行銷。可以說的故事一蘿筐，但無非就是人與人，人與屋的關係。從民國四十九年蓋第一棟房子開始，到了民國八〇年代，我也開始逐步將我的事業交給下一代經營。

我比較採用信任的方式，不去干涉下一代。半退休，享清福。

五十餘載的起厝人生，仍薪火傳承。

4
華廈

一、「兄弟」來訪

萬丈高樓平地起，一個規模龐大的事業，也要從最初的一點一滴耕耘來起步。我當年從一個完全不懂建築、一個本來只是肥皂推銷員為了討生計每天奔忙的年輕人，從無到有，用嘴巴問，逐步一間間房子蓋了起來。到後來一戶十戶百戶這樣的蓋，終究有了一片屬於自己的天地。我將事業命名為永福建設，一方面是打我自己的品牌，並且非常強調，我要對自己的事業負責，一方面，也希望我的事業能夠帶給居住的人快樂，感到永久的幸福。

但所謂樹大招風，一個事業變大後，各種狀況也就會陸續出現。由於這行業有些不肖業者帶來的負面形象，直到現代，很多民眾，每每提到建設業，就會聯想到財團啦！不當獲利、偷工減料之類的，其實，真正不老實做事的畢竟還是少數，我相信大部份建築從業人員還是正派經營的。然而，還是有少數的人，覺得我們這種做建設的是頭肥羊。不論鄰房事件或者點交事件，至少表面上，都還包著法律的外衣，有訴訟的空間，但有時候碰到的狀況，就是擺明了敲詐。

說到建設事業，從以前時代，就常常會被黑道盯上。在我民國四十九年剛開始蓋房子後，就已開始遇到，並且，黑道也會「與時俱進」，跟隨時代潮流，改變勒索的方式。

這樣的事，說來好氣也好笑，黑道來跟你勒索，畢竟不像學校裡流氓威脅弱小孩童當面要錢那樣直接，他們來勒索也是要包裝的。

先從最早的四〇、五〇年代說起吧！那時候的黑道來要錢，手法比較粗糙，比較直接，不像後來年代那麼細膩。他們來敲詐，就是人直接進辦公室坐在我的對面，一進來，就把一把扁鑽直接擺桌上。然後就像有時候電影裡會看到的那種對話場景，對方會用「兄弟」的語調說話，好比說：「兄弟現在時機不好，沒飯吃，在跑路，警察追得緊，老闆啊！可否幫忙一下，調點跑路費給我們」。就是類似這樣的說話調調。

當年我剛遇到這種事，不知道狀況，就當面回絕，心想不要向惡勢力屈服。但後來才發現，與其和他們這樣一次次周旋，還不如就給他們點錢，換得後來的安心工作。

結果當晚就出事了。我們蓋房子，不是會先用磚塊疊牆嗎？然後一層層蓋起，那天在黑道來過又走後，隔天一早起床，一看，糟糕，工地裡的整面牆都被推倒了，那時是在蓋連棟的樓房，原本磚牆都做好了，結果那次就是對方趁夜不知幾點時候，也不知用什麼方法，反正第二天我們一看，整個牆都倒了。

那時候，每蓋一間房子，一堵牆的規格是三米高、十米長。那年代也沒有所謂保全這個行業，一般都是找一種叫顧寮者，就是看顧工寮的意思，那晚他在睡覺不知道發生什麼事，畢竟工地也很大，顧寮者只有一個人，不能時時顧到。就這樣，整堵牆都倒了，造成我們時間和金錢的損失。

那時候我一看就知道，這是黑社會做的，是針對昨天勒索不成所做的報復，我心裡就想這樣下去也不行，你要告人家，沒證據，你要繼續和他們對抗，我們在明他們在暗，商人不吃眼錢虧，反正對方要的是錢，而且在當時來看，那筆錢其實也不多，他們所謂的勒索也就是要個五百元或一千元的跑路費，只要錢給了他們就不來騷擾你，比起整堵牆給他推倒，那損失更多。

經過這次的「教訓」，下一次同樣的人又走進我辦公室了，又是那套老台詞，感覺上就好像雙方都不知道之前的事，像拍戲一般，同樣的場景再演練一次，他說著：「兄弟現在時機不好，沒飯吃，在跑路，警察追得緊，老闆啊！可否幫忙一下，調點跑路費給我們」。反正，就是同樣的話，說要給我們兄弟來逗陣幫忙。雖然我內心在想著「誰跟你是兄弟啊！」。但最後還是花錢消災，把他要的錢給他。

真的，錢一付以後就不會有半夜被破壞的事，這也算是另一種社會經驗，第一次不知道，繳的學費，就是牆被推倒。而這樣的「功課教訓」，其實非我們永福建設獨自碰到，事實上，當時各個地方的工地都是這樣，我們做建設的，都被視爲可以壓榨錢財的對象。

二、黑影幢幢的歲月

隨著時代演進，我們蓋房子的方法、社會價值觀都在變。但同步地，黑道那邊勒索的方式也在變。

最早是兩手空空，沒有付出什麼，就坐在我辦公室，扁鑽一擺就來要錢。接著演進到，會帶「禮物」來拜會了。同樣地，不請自來，來到我們辦公室，只是手上會拿著一袋茶葉，那當然不會是什麼高級茶禮盒，或正式去買的好茶葉，而是不知去哪找的粗糙沒正式包裝、胡亂裝一起的茶葉。就這樣拿進來，對著我說：「老闆啊！現在兄弟們生活比較差，拜託你，我這包茶葉賣給你，算一千就好，請你給我捧場一下」。

我知道這是勒索，但他們來了，我也只有再次花錢消災，就把錢給他們。心裡想，至少他們有帶點東西來說交換，但當然，他們「賣」來的茶葉我可是不敢要的。

隨著年代繼續變遷，接著，黑道勒索方式又再次「升級」了。下一次他們來，不是帶禮物來了，而是在「做生意」了。

同樣的，他們大搖大擺走進辦公室，坐下來，不拿扁鑽也不拿茶葉，坐下來就說：「老闆啊！景氣差，我們現在生活過得不太好，但是兄弟們要過日子啊！現在我們公司有在做碎石子的生意，你就跟我們買吧！」

碎石子算是蓋房子也會用到的原料之一，但那些做黑社會，哪裡是真的有在買賣這些，若真有，你也不敢用，怕品質有問題。總之，只是勒索的另一種包裝，最終就是還是要我付錢給他們就對了，我同樣是就給他們一些錢，也不會真的和他拿「貨」，若有人傻到真的和他問東西在哪，相信他們也拿不出東西給你。

這種比較「現代化」的勒索，花樣也比較多，舉凡和蓋房子相關的，都可以變成勒索的包裝，例如說，要來幫你做鋁門窗啦！要來幫你鋪石子啦！甚至說要來幫你打掃啦！

每次碰到了，都是當成「又來了」，只能花錢了事。我們怎可能會真的找他做那些「服務」，最後都是付錢換取他們的不要「額外服務」。

那年頭，我們其實也不懂那些人屬於什麼幫派，雖然我們郭家本身在地方上也有一定名望，但所謂人鬼殊途，一行有一行的路，只知道，在從前好長一陣子，這社會上就是有這種人靠勒索建商爲生。頻率是一個工地，一年會碰到三四次，大約每到逢年過節就來，反正每拿一次錢，就好像繳過稅一般，下次來打擾你就是三四個月後的事。他們也有他們的黑道法則，收了錢就不鬧事，然後過一陣子，時間到了，該「上工」了，又會來做「拜訪」。

這種情況，不只我們碰到，所有的建設公司，每個工地，都會碰上。

從前自建自售時代的永福建設辦公室

（圖為江子翠營造店鋪公寓，彼時雙十路尚未拓寬）

時間來到八〇年代，一方面，整體國家社會，法令規章比較正式了，不像過往人治為主，黑白不分，現代以來，各種修法作業，以及對警政的要求更嚴，黑道自八〇年代開始就比較不會來「拜訪」了，另一方面，隨著時代演進，都已經到了網路發達，國際化的時代，黑社會那邊也不再做這類比較小兒科的敲詐，而是比較進化，甚至真正化身為企業集團，有組織的經營，會自己炒地皮，搞地盤等等，那就非我所能知，只知道，到了現代，就沒有兄弟一年四季來你辦公室報到的事了。

三、土地糾紛事件

前面說過，進入現代後，各種法令規章比較齊備，整體社會大環境的各種配套也較完善。這表現在不同的領域。

像買賣土地這樣的大事，在現代當然會透過仲介信託，簽合約，在有保障的狀況下進行。各種土地交易，也可以在網路上查到資料。但從前年代當然不會有這樣的配套，當時，還是很原始的買賣雙方，直接面對面交易。

在缺乏中間機構的情況下，難免就會出狀況。像有一個新竹土地事件，就是買賣土地的糾紛。

在以前那時代，常有做父母的買了許多土地，掛的是子女的名字，但實際在主張的還是父母。像該事件就是如此，爸爸賣地給我們，但不料後來，那個擁有該土地登記所有人名字的人，也就是他兒子，不曉得是惡意欺騙，還是真的不知情，不知道他父親蘇先生已經和我們永福簽了買賣合約。結果我們這邊還在辦手續，他那頭卻把同一塊土地賣給其它人。

由於辦各種申請需要流程，不是今天說要就要，我們那時和蘇先生簽約也是這樣，結果還在處理流程時，他兒子就先把土地賣掉，對方買的人是位電子公司老闆。老實說，對方也是善意第三人，他們也不知道蘇先生和永福建設簽約的事，畢竟那年代我們簽約也不用做什麼公告，就買賣雙方合議願意就好。

但現在情況是，他兒子畢竟是土地的登記所有人，他可以自己主張要如何處理那筆土地，而那買土地的電子公司也是無辜的。就這樣，一個案子，有兩方都是無辜，但總不能一地二賣，只好打官司。

說起台灣的法律，其實真的有一肚子苦水。你看，我們台灣每每有法律訴訟，經常就是一打好幾年，搞得所有人精疲力倦。我有個感覺，台灣的法律很不明朗，訴訟過程，很愛鑽牛角尖，一個字眼表面上寫的很清，但實際上，卻又包含很多意思，不一定是照字面上去解釋，對不懂法律的人來說，真的整個過程就是暗矇矇的，害百姓告來告去，曠日廢時，很少有明快的解決。

我本身對法律有時候很感冒，老實說，我對台灣的司法很不信任。對於許多官方的作業，不以爲然。當然，現代很多地方有改善，例如人家常在說的，什麼公務人員的態度變比較有禮貌比較親切，也重視民眾辦事的流程了。但終究還是有很多需要改進的地方。

舉個例子，在台北市的植物園裡面有個國立科學館，我就親眼見證，它如何被拖延時日，因工程耗費時間。話說，民國九十一年，有天早晨，我起來散步運動，我運動的路線，會經過植物園，就有看到科學館整個被圍籬圍起來，說要整修，我當時經過還問師傅，那師傅就說房子要維修。

然後我繼續每天去散步運動，天天經過那，就這樣兩三年過去了，那圍籬還是在那。時序來到現代，我在民國一〇二年又經過南海路，看到那個圍籬裡的工程，終於開始在動工了，我就覺得真的很誇張，到底我們政府在做什麼，十多年前被圍的工地，現在才在動工，你看這十一年延宕，中間耗的是我們老百姓繳的稅金，像這類的事，非常沒意思，這只是我親眼看到的一個例子。

再回頭來說蘇先生的事，那個案子也是經年累月，搞到後來大家都累了，但至少訂金拿回來了，至於原本的其它權益也不敢再去要了。我就覺得，相關單位，就是這樣把一個案子拖來拖去，不能立刻處理好，一定得耗廢很長時日，最後才故意叫雙方和解。真的可以說他們是故意拖，用時間磨得讓你們受不了，最後不得不和解。

老實說這種事過程很累，我看很多案例，最後都是庭外和解。本來當初買賣土地簽約，有約定要一些罰金利息之類的，也因此就別想拿到了，反正就是庭外和解。所謂和解都是庭外的，不會有庭內的，因爲法律判決，不是這邊對，就是那邊對，不能和稀泥。要和解，就只能在外頭解決了。就這樣，蘇先生案子我們在庭外和解，浪費了八年的時間。

那是較古早的狀況，現代買房子，當然都是要銀行信託了，有信託公證對買賣雙方都有保障，就不用再擔心土地一買買到法院去。

四、買土地的考量要素

蓋房子，第一步先要有土地，找土地是門學問，而這門學問，隨著時代變遷，內容也會不一樣。

在古早年代，最早我們在找土地時，其標準和現代考量的不太相同。那年代不像現代商業化普及，要考量到捷運、都更，還有什麼網路線路等。但在那年代，我們找土地，還是有一個直到現代都不變的法則，那就是『將心比心』，想像著若我是客戶，我會需要怎樣的房子，依著這種想法，再去找可以符合條件的土地，就比較不會有錯。

找土地，第一個考量的，是會不會淹水，在古早年代，板橋的疏洪道還沒建好，常有淹水的危機，所以在找土地時，要找地勢高一點的。當然，到了現代，已經蓋好疏洪道，較少聽到淹水了。但在民國五十九年，也就是我把我自己最早那塊地蓋完，開始朝外面發展時，我買土地的第一個考量就是看會不會淹水。

然後就是要考量交通，那時代，當然也沒有捷運，可是沒捷運，還是有其它交通工具的便利性考量，這是任何時代都要顧慮到的問題。當時的交通工具，主要就是以公車爲主，我們買土地就要問，公車會不會開來這，若沒公車，那就代表該處算比較偏僻。

提到這，要說說當年的公車，不叫客運巴士，是叫公路局公車。但後來政府覺得這名稱不對，因爲顧名思義，公路局，應該是管公路的，那時巴士名稱叫台灣省公路局巴士，覺得這樣不對。台灣省公路局應該管公路，怎麼會是巴士，後來才改成客運公司。我們那時要找地，一定要找公車會到的地方，否則將來房子會比較難賣掉。

前面說到，買土地要考量地勢，要考量交通，接著還要考量的是學區。就是說蓋的房子要近學校，比較好賣。好比說，在五百公尺或至多一公里內就有學校，房子比較好銷售。那第四個考量就是市場，當時當然沒什麼便利商店，也不會有大賣場、超市等等，所謂市場，就是指傳統市場。

整個來說，就是新蓋的房子，你要假想成自己是買主的家庭，他們會需要什麼，會需要出門有方便的交通，孩子上學有學校唸，家庭主婦去買菜，附近也有。就是這些基本考量，你符合，就可以把房子好好賣出去。當然房子地勢要高，不會怕淹水，否則在台灣，經常有颱風來，住的人也會怕。

另一個現代人買屋也常會考量，但沒有古早時代那麼重視的項目，是風水。在古早年代，買屋很重視東西南北這類風水的方位，彼時都會特別找風水師、地理師等的來排位置，那年代會找這類風水的戶數比例很高，依我的印象，可以說當買賣房子時，有超過一半的客戶都會找人處理風水事宜。到了現代這個比例就逐年減少。

對於我們蓋房子的人來說，要面對的最大挑戰，其實不是找土地、蓋房子等這類的技術問題，而是社會上對建商的成見。

在心態上，如同前面所說的，我們要將心比心，想著客戶會喜歡怎樣的房子，你依客戶的需求來找土地蓋房子。在實務上，面對社會上老是把建商說成愛偷工減料，說成是財大氣粗的負面形象，對於此，我們永福建設，也只能以事實證明。

當我們實際上蓋好房子，用品質做保證。事實勝於雄辯，是好是壞，住了就知道。其實現代社會，媒體的影響力真的很大，你想想，當平常有什麼好事，媒體不會特別去報導，會去報的，都是出了重大問題，出了狀況，有不好的意外等等，媒體要報就報這個，民眾也愛看著。所以當介紹建商時，每每有發現什麼房子偷工減料，甚至造成危害，例如橋梁坍塌等狀況，媒體就會大幅強調黑心建商等等的，但他不會再去告訴民眾，其實大部份建商都是好的，會注重工程品質，會關切到民眾住的需求。

我們也想大聲疾呼，任何事都要看比例，如同各行各業般，有壞的廠商，但也有好的廠商啊！但媒體才不會管這種事。

因此，我們蓋房子要重視的就是自律。心態上要想當房子建好後，我們願不願意住，蓋好一棟自己也很想住的房子，這是最重要的。

這也是永福建設一向以來的信念。

五、蓋房子的金融哲學

土地買好，一些文件法律流程辦好後，接著就是蓋房子了。這部份前面有說過，我們永福後來都是採取先蓋後售，這也是許多建設公司後來選擇的作法，畢竟現代社會有太多的買賣糾紛了。好好的談一棟房子，最早大家都是善意，但當採先售後建模式時，客戶看的不是實物，而只是聽賣主或推銷員描繪的「願景」或看樣品屋，那後來糾紛就會很多，很容易雙方糾纏不清，誰是誰非說不清楚，好比說當時雙方有談到，牆壁會要怎樣怎樣的，賣方想的「怎樣怎樣」，和買方想的「怎樣怎樣」，不一定可以百分百一致，一旦蓋成，客戶看到的成品不是他原本想像的，到時候比較好一點的客戶，就是嘴巴抱怨一下，還是住進去，但終究他說的話會影響建設公司聲譽；比較個性強一點的客戶，就可能和建商打官司，那整件事就有得好折騰的了。

發展到後來，很多建商，爲了省掉這樣的麻煩，就乾脆把房子蓋好再賣，客戶看得是實際的成品屋，就不會有問題。

只是，糾紛雖減少了，但，立刻就面對一個問題。蓋房子需要龐大的資金，若不先售後建，那錢從哪裡來呢？第一，最好當然是有自備資金，第二，資金不夠，也只好向銀行貸款。

有關資金的調度，是門學問。不要想成我們建設公司都是大財主，賺大錢，其實我們蓋房子這行，有人賺錢也有很多人賠錢，甚至有人賠很多。

蓋房子的資金，依照永福建設的經驗談，我們的看法，最好是百分百自有資金，比較不會有問題，若先賣再蓋，那問題多多。

只是，並不是人人有自有資金。那就不免還是得貸款。

我們永福建設的哲學，蓋房子若要貸款，那我訂定的底線是25％，我曾經去注意地算一下，我們貸款最好還是不要超過25％，會比較安心。像有的公司負債比50－60％，那你想想，公司賺的錢都要拿來付利息，要到你利息繳完再來分利潤，那就很困難了，畢竟銀行已經把你賺的拿走一大半，你剩下的就不多了。

當然，對於資金運用，像我古早以來都喜歡以自己現金，真正都準備好再建，這樣的作法其實也太過保守，容易錯失很多機會。但反過來，有的人則是70－80％都是借的，這又太冒險了。所以客觀來看，我整個算起來，真的還是25％爲限，不必要到百分百不借不貸，像有時我看到有的土地很棒，但手邊現金沒那麼多，若你執意要百分百現金再買，那肯定就會錯過好的機會，這樣做也不合時代潮流，你若要符合時代，又要保安全，就不免到頭來還是要貸款。

而說到25％，也是有學問的，例如我現在看到這塊地就是很好，但資金還差甚至

70－80%，那依照我25%哲學那是不是就不能買呢?也不是這樣，只要心中計算好，那還是可以買的。只是我一定規定自己在一年到兩年內，一定要把貸款差額補回來，所謂補回來，就是說不論你目前貸款比率多少，你一定要把成數降低差價補足，儘快讓貸款比率降爲25%以內。

這個時間頂多一年半到兩年，事先你心中也算好，確定會有資金來源，知道自己一定可以補回那差額。

永福建設幾十年來，都在這樣的哲學下辦事，絕對不會太過冒險，但也不至於全部土地都是百分百有資金才買。一切都要符合穩扎穩打的規範。

六、良心事業　百年傳承

以買賣的角度來說，買房子賣房子，當然屬於商業，適用所有的商業法則、管理理論。但畢竟蓋房子還是和一般買賣不同。今天我賣你一件衣服，你回去可能覺得好看，也可能覺得後悔，不喜歡這件衣服，但不論如何，影響都不大。就算後來不喜歡那件，頂多就把衣服擱在衣櫃不見天日，不會很影響一人的財務。

但買房子就不一樣了，很多人一生只買一間房子，那價格可能是一千萬兩千萬的，那等於是終身大事，非常慎重，錯不得的，一當錯了，你哪裡再去找時間去賺另一個一千萬兩千萬，來買另一棟房子，現在土地更有限，房價又高漲許多。

所以我們做建商的人，除了依照商業法則做事外，更重要的是，我們心中都有一種使命感，知道我們賣給人家的，是一輩子的夢想，你要讓買的人，真正買到他的終身幸福，不要買到一蘿筐的煩惱。

我很強調，蓋房子的首要就是要顧信用。我們都要知道，我們蓋房子的、買賣不動產的，和一般買賣很不一樣。不像一般生產的人，製造了東西賣給人家，賣了若不喜歡，就交易一次就好，客戶下次可以再去找別人，若規格有問題，也很多都可以再改，配合客戶需求。但房子這種產品不是這樣，房子一旦買了，就不太能變了，要變，那功夫就大了。你說不喜歡這堵牆，那你要打掉，不但要花錢，還牽涉到建築結構，基本上，是不太能再改了。這是蓋房子這個產業和一般產業最大的差別，建築業，的確是最特殊的行業。

建築業如此的重要，以前在八〇、九〇年代，那時候報上都常在說，建設業是火車頭產業，就是蓋房子這件事是帶動整體產業的頭。

爲何說建設業是火車頭。你想想，建築一個房子，會立刻帶動什麼，會帶動一堆附加的材料，而且其量都不小。包括水泥、鋼筋、木材、磚塊、塗料、大型機具等，可謂牽一髮動全身，建築一動工，很多產業都因此有了活路。建設時本身就需要許多的人工，而其牽動的各下游產業，也都有各自許多的工人，可以說，每個建案一推出，就直接間接帶給許多人生計，養活了許多的家庭。這不是簡單的影響一個兩個公司，而是影響一整個很大範圍的產業，好比說花蓮最重要的大理石產業，也是因爲有建設業才能存活，若今天大家都不蓋房子了，那花蓮的大理石產業也就整個會消滅。

所以說，建設業已經不只是商業上利潤多寡的行業，而是在整體產業發展上，一個責任重大的產業。

簡單說，這是一個需要高度負責任的行業，而永福建設，就是一個謹守本份，一直以來，肯負責的模範公司。當蓋房子，不論是資金或信用問題，也不論是房子品質或售後服務，我都願用自己的名字做商標，表達負責任的態度來處理。我建設公司的名字，就是我的名字，我建設公司的地址，也是公開的站在這裡，數十年如一日，肯用負責態度，爲所有永福建設蓋出的房子負責。

我現在這樣說，很多人以爲做生意本就該這樣，是理所當然的。但放眼建設界，你就會發現，這樣的比率其實不到一半。也就是說，大部份的建商，並不是以永續經營的概念來營運，多的是房子蓋完就解散了，你連人都找不到，更別說若有任何後續問題要處理要找誰了。

當然我們這行，也有很多建設公司，不但打響自己的建設招牌，並且還將那塊招牌拓展到其它事業，蓋房子都大力宣傳自己的品牌，像這類建設公司，才是真正想要長期經營的。有的建設公司，還會塑造建設業高檔的形象，打造如涵碧樓這樣的建築，不只推銷一個個建案，其實也在打自己的品牌。相較來說，除了這些公司外，也有占一半的公司是那種打帶跑式的，直到現代很多人對建設公司常有負面印象，其實都是來自於那些比較沒有長期經營規畫思維的公司。然而儘管這類公司，並不是建設主流，但所帶來的負面影響真的很大。

不論如何，我們蓋房子的人，要自己去認識這種情況，然後自己做好正派經營。一句話，建設事業，就是是良心事業。要良心才能久長，否則換來換去，沒有定性，你無法安心，民眾更不能安心。

七、構築民眾未來的幸福

建設這一個行業，和每個民眾息息相關，我們要負責民眾住的幸福，當然也要負責民眾住的安全。以商品的角度來看，不像一般工廠生產的成品，有的可能用一年兩年就要汰換，或者甚至用幾個月就不要了。我們的產品，是要陪民眾一輩子的。要考慮的事真的很多。

以安全的角度來說，最基本的要求，房子要做到堅固耐用，可以住個幾十年上百年都沒問題。並且我們在蓋的時候就要能預防各種天災的狀況，在台灣，颱風多地震多，在建設時，都要把防水防震的係數估算進去。

在現代，已經有更科學的方式，來計算防震系數，但這也是隨著時代演進逐步加強的，但不論科學技術多發達，我們建設公司在蓋屋的開始，就會注意到要防震，一般主要就是計算鋼鐵的承受度，像現在若政府規定的蓋屋標準是要承受七級的地震，一旦房屋蓋好，如果發生了6.5級6.8級地震等情況，房子竟然倒了，那建商就有很大的責任。

我們蓋房子時，那些鋼筋結構等都要事先規畫符合安全要求，一定最起碼要符合最低限度的要求。但我們通常都是會以超過標準的方式來蓋，寧可多花錢讓自己做到比政府規定的要嚴，也不會心存僥倖，想省錢降低標準。但時代在變，法令也在變，有時候還是會碰到一些狀況。別的不說，就說我自己投資的璟德電子，其廠房當初是永福建設蓋的，當初蓋的時候，由於事業剛發展，還沒預料到這行的前景那麼亮麗，當時估算的廠房規模，只蓋四層樓就好，但以該建地的格局是可以蓋到六樓的。而當我蓋房子那時政府的法令規定，建屋的鋼鐵等級要能面對6.5級地震。我們的廠房也絕對符合標準。

結果後來碰到九二一地震，政府被這件事嚇到了，府院高層開會，整個政策有了變化，突然將建屋標準要變成要能承受7.0地震。彼時離我們剛蓋好璟德四層樓廠房已經約六七年，但我們當初在蓋的時候標準是6.5啊！如今，因爲電子業的發達，我們想要再加蓋廠房到第五第六層時，現在就變成不能蓋了。

若要符合標準也可以，但就要要補強，那可是大工程，包括要從地基開始進行一連串的施工作業。我們後來評估後，選擇於在新蓋的樓層，改用H鋼，比較輕，後來政府才准許。

由這件事可以告訴我們，建設面對的是未來的變化，這是一種要很有「遠見」的行業，在建設之初，我們本就要站在住戶的角度，模擬想像未來的發展，好比說目前這裡雖然沒那麼熱鬧，但幾年後這裡會成爲都市的一個新的副都心等等。而以前述地震的例子，我們建設業在蓋屋時，還要預先準備以符合法規的變化。這也是一個經驗談，如果未來在十年有計畫要再加蓋，好比說現在規定建屋要能承受的地震級數是7.0，那在蓋房子時，就可以預先用能承受7.5級的地震規模來規畫，以防萬一。因爲法令什麼時候會變，其實不一定，但整體趨勢是越來越嚴格這是確定的，不會說今天要求標準是7.0，明天法令規定降爲6.5。

基本上，建設業是植基於現代，但創造未來的事業。很多事情，初始你無法預見，一切都要靠經驗，我們蓋房子，也是累積了幾十年經驗，才能在下次蓋屋時，更抓得住發展重點，能更有眼光的出手。買土地，要先想好未來，有的土地將來整片會被畫爲什麼區等等，所有這些都要事先規畫好，免得之後問題一大堆。

我們構築民眾的幸福，也構築民眾的未來。

其它有關蓋房子要考量的事還有很多，就是想像一個住戶將來會面對什麼樣的問題，就是蓋屋要考量的問題。不只如此，不僅要考量將來住戶住的感覺，還要考量該建屋建成後，和當地大環境的互動關係。像在民國一〇二年報上鬧得沸沸揚揚的墾丁悠活渡假村，其就是因爲沒通過環評就蓋屋，所以引來很大的問題，甚至因爲其是違建必須拆掉等等。像環評就是指房子蓋好後，會帶給環境的負面影響，例如大家都知道，山坡地蓋屋要注意會不會帶來水土保持的負面效應，而若房子鄰近水土保育區等等，也要評估會不會破壞生態等等。一般來說，當蓋工廠時，會更注重環評，像我們蓋環德電子廠房時，環評標準就比較嚴，至於蓋化學類工廠，更有許多的規範，要避免污染等等。建設住宅區比較沒那麼嚴格，但還是有環評，在蓋房子的過程中，會有相關政府單位來審核，基本上我們都踏實經營，一切遵照政府法令。

民國五〇年代打拼事業的身影

八、一買一賣講求信用

在房子蓋好後，過往年代會是一戶一戶自己賣，現代產業分工更細，常常就是蓋好後委託代銷公司一整批的賣。古早年代，好比說我當初在板橋最早開始從事建築事業時，那時是一戶一戶賣，我和住戶面對面，我講好你同意，就成交。但隨著經濟規模擴大，以及整個社會變複雜，人與人間的關係也不再像從前那麼純樸，就開始需要透過銀行信託了。像以前發生過的蘇先生事件，就是因爲那年代還沒有什麼信託，所以中間很容易發生問題。當交易時，我付錢給你，會怕你土地不過戶給我；而你土地要賣給我，也會怕過戶後錢拿不到。講起來是兩句話，多少錢成交，你同意我同意就好，但正式處理起來很麻煩，古早都是用探聽的，問說這個地主老實嗎？單純嗎？探聽後可以，就先付多少訂金，並告知尾款90％要何時支付。另一方也會問，這個人可以信任嗎？付錢沒問題嗎？總之大家都在怕，都在問。以訂金來說，雖然只有10％，那也是很大的錢。以現在經常交易的金額動輒幾億幾億來看，10％也很大。

現代已經普遍買賣都透過信託了。但從前時代我們買賣時，如何維繫買賣雙方間的信任感呢！其實這在當時，的確是個頭痛的問題，在當年就已經有透過保證人制度了。就是說，你要買土地，但擔心賣方會不會有問題，好比當年我們碰到蘇先生事件，就是發生賣方誠信有問題。相對地，賣方也會擔心買方會不會付錢，這時候，保證人跳進來說，沒關係，由我來擔保，我保證買方會付錢，若他不付，你可以來找我。這就是保人制度，後來隨著社會發展，這種保人制度也常出問題，不是出在保人身上，而常常是出現在被保的人身上，特別是在做生意及借貸時，常會出現這種情況，就是說，原本買方答應在幾年幾月前付多少錢，時候到了人卻跑路了或付不出錢來，這時，賣方或債主就會找上保人，經常在社會新聞上看到許多保人因此背負千萬債務等等，所以不是人人愛替人做保的。

回歸到土地交易買賣，在當年，彼此不信任時，需要保人，但保人也要雙方都可接受才行。記得有一次，郭家族親要和人買土地，對方那邊要打契約，但中間有些不信任，就是說對是否拿到錢會有疑慮。這時，有個人就出頭，說他願意當保人，那是個很有錢的人喔！我們都知道他家財萬貫。只是那人因爲沒從政也沒從商很沒名氣，用現代的角度來看，其身家換算成現在幣值，約有幾十億，是個富豪。但賣方卻對這保人有意見，說那人是誰我也不認識，找他保沒效。

不得已，後來我們去找宗族裡的我一個族弟，他曾當過民意代表。這個人我知道，他因爲選舉，在板橋當地算是有高知名度的人。但其實他本身爲了選舉已經散盡家財，家中根本沒什麼錢。可是他要出來當保人，人家一看是個名人，立刻就答應，他相信這人可以做保。

所以說，很多事不要只看表面。人家會想他很有名聲，卻不曉得他已經沒財力。社會就是這樣。

這是以前的買賣型態。現在呢？你不信任我，我也不信任你，就算找保人，也不一定會信任。如今，都是透過信託。

現在買賣的流程，首先，看中一塊土地，買賣雙方也都談過確定要交易，包含稅金那些的也都確認了。那再下一步，就得透過銀行信託履約保證來解決，如此賣的人對銀行有信任度不擔心，付錢的人因爲有銀行擔保也不擔心。

這就是古今買賣交易形式上的差別。

隨著時代演變，各種政府法規也在變動，我們永福建設正派經營，都是依法辦事，從不做投機取巧的事。我們平常也都隨時留意各種最新法令規章，像一〇一年開始啓動的實價登錄，那對我們沒多大影響。因爲我們本來就都是誠信做事，合法申報。所謂實價登錄，過往以前買賣是依照公告的地價來處理，但在實價登錄制度實施後，就是依照真正的買賣價格，好比說，我們進行一筆買賣的價格是一百萬，這是時價，但政府的公告地價只有五十萬，若在以前，可能就是登記五十萬，但現在就會真正登記一百萬。並且這些金額，透過電腦網路都可查得到。

這過程中，也許有些人會覺得不習慣，但我們做建設業的，都已經養成，能夠彈性調整，與時俱進的能力。

九、早年的詐騙及偷盜事件

說起從前年代的事情，有些事真的很特別。

有關詐騙的事，現代層出不窮，但其實在我們那個年代，就已經有很多騙術。現代我們常常說什麼詐騙集團，在我們早年，則常提到的名詞是「金光黨」。

我自己在五六〇年代，就有遇到金光黨。

記得那一天，我騎著機車，帶著我太太一起去縣政府辦事情，那天好像是辦建照登記之類的。也很巧，剛好那之前一兩天，我正和太太聊到，想要買個古錢幣來做紀念兼投資功效。就恰好，那天我們去縣政府辦事後，給我們碰到在賣古錢幣的。

那天的情況，我們一從縣政府出來沒多久，就碰到一個穿著像是剛做完工，從工地下工的工人，全身就是工人裝束，一個看起來是勞工，不像是什麼騙子的人。也不知為何，和他聊起來，他提到他有在賣古錢幣，並且就隨手拿出一個袋子，秀給我們看，說是他正在蓋房子，在執行拆屋作業時，有幸撿到了這些錢幣，說得合情合理，當時我們也沒想太多，就真的相信了。

那天身上沒帶那麼多錢，無法立刻買，想到附近就是相熟的板橋合作社，就想去那邊換錢。由於我和銀行很熟，我這人因爲講信用，所以銀行都信我，當天一進到合作社，大家也都認識我和我打招呼，我一進去就去找經理，見面就說先借我五百元。他問爲什麼，我就跟他講起要買古錢幣的事，經理一聽，就說他也有興趣，甚至到後來全部員工都有興趣，都說想要買。我心裡就想，那我也不用全部都買，就我買一半，其它讓給別人買，就這樣，那個號稱撿到古錢幣的人，就把他那些錢幣，全部賣光，我買一半其它都是信用合作社的人買走。

這個人原來是金光黨，他真的很厲害，也不知是怎樣騙得我們團團轉的，我事後想來，有可能是被下迷魂藥了，總之，當天，我和所有其它的人，都好像在做夢一樣，就真的一心相信他要賣錢幣，也沒去想真假。直到我們錢都付了，那個人騎著車子要走那一刻，我忽然整個人「醒」過來，說不對，趕快要去追，但那人已走了。

後來我和其它有買古錢幣的人，把那些錢幣拿去鑑定，結果都是假的。我們都被騙了。到現在，我都還保留著那些假的錢幣。

另外還碰過夜晚遭小偷的事，不是進家裡偷喔！是整個工地的東西被搬光光。那時候剛好碰到進料的時候，結果當晚進貨，當晚就被偷光。那年代我們建設公司沒分工那麼細，我們是建設也兼營造，蓋房子時要買幾批材料，一開始先堆在工地上。和現代不同，現代都有營造廠，以前就是我們自己，要什麼材料，就到處買，自己發包，自己進貨。

那天材料送進來，我們也點交後，就放在工地裡。結果第二天一看，糟糕，怎麼東西都不見了。雖然有請顧寮的，但顧寮的就算發現異狀，基於自身安全，也不敢吭聲。那些什麼鋼筋、水泥，那一包重達五十公斤的，都被搬走。這是那個年代常見的事，賊盜猖狂，連鋼筋也會搬走，他們都是一卡車過來，連夜把材料通通搬走，也不知去哪打聽的消息，哪家工地今天會進貨，他們都知曉，就是知道建商今晚進貨，他們就選在今晚偷。

常常有這樣的事發生，就是說，不只永福建設，而是全部建設公司都曾遇到。我也是因爲經歷過這些事，做事才會更有原則，知道要更謹慎。後來進貨時，我常常就自己開一輛車，壓在鋼筋上，把車停起來，然後當晚自己在車上顧。

第二天我們請人趕快把放地上的鋼筋，全部搬到樓上，一當鋼筋被搬到樓上，那賊人就不要了，他們沒那麼費工夫，還跑去樓上搬東西的。所以只要進貨，我們就設法隔天就拿上去了，有時要花兩三天，那就那一晚兩晚，我都得守住，親自開車壓住鋼筋。

像水泥也是這樣，為了怕被偷，我都會拜託師父，先算好，這一處要五十袋，那一處要三十袋的，先請工人依位置叫工人趕快搬上樓去。這樣水泥才不會被偷。

現在想想，那時治安還真很差呢！現代我們都有保全，反正就是和保全公司簽約，若有損失他們要賠，一切依合約，這樣就很簡單。以前時代當然沒有這些。保全是要等到八〇年代才有。

十、回首人生，知足就好

時光悠悠，現在已經是民國一百多年了，從當初我開始投入建設事業，到今天，也已經過了快一甲子的時光。回首過往，我經歷了台灣從過往的威權時代走到現代的民主開放時代。從前還是稻田處處的咱板橋地區，現在也早已車水馬龍，到處是高樓大廈的繁榮所在。

說起我的人生，其實我總是一路往前走，日復一日的努力，不去做不切實際的白日夢。我只相信穩扎穩打，實實在在的付出，不太會去想那些什麼口號，什麼編織的願景。

而人生就這樣一路走來，也創建了這一整個永福建設的事業。

有人問起我的人生哲學，實在說，你要說我傻也，說我務實也好。過往以來，我的人生，就是「做」就對了，沒去想那些。但要說我這樣完全是正確的嗎？卻也不建議大家都和我一樣。畢竟，每個年代有每個年代的生活背景，我們那一世代的人，經歷過物質條件很差的環境，在那年頭，不打拚就沒飯吃，所以我們也算是被命運逼的，不得不努力打拚。但現在的我，已經年過七十，也會想到，當年若不怎樣，將來或許會怎樣的這類事情。

要說遺憾，多少還是有的，那就是我沒有趁年輕的時候，多多的去看這世界，現在年紀大了，比較有時間了。但卻真的已經沒那個體力，去我想去的地方，比如南美洲等等。

我這一生，過往就是很單純，腦海裡就是想一件事，怎樣去賺錢，怎樣帶給家人好的生活。年少時，身體好，我一天就最多睡八小時，時常也只睡六小時，醒來就是不斷的工作。我的人生這樣對不對，以結果論來說，可能很容易，你可以評估說我現在有多少財富，多少遺憾。但當身爲局中人，這些回顧卻都是沒意義的，因爲，就是過往這樣的我，一路走來，才變成現在的我，當時的我若去想什麼人生哲學，想多了，做少了，搞不好就不會是現在的我。在以前的日子裡是不會假想未來的我會怎樣，所謂人生哲學，就是一路肯幹實做。

也許最好的哲學，應該就是努力踏實。現代資訊發達，許多人想得多做得少，想太多，把自己搞成憂鬱症，想太多，讓自己每天都在煩惱，正事都不想做了。這樣有什麼好，像我結婚、生子、打拼，一路走來，每天就是勤勤懇懇做事，當時也不知道將來社會有一天會出現周休二日這種制度，既然不知道，就不會去想說要如何因應，反正就是努力賺錢就對了，我常常對人生自己這樣說，怎麼說呢？就是知足就好。

當然，如同前面所說，或許多少還是會有遺憾，像我沒去過南美洲，曾經我有機會去，但當時忙事業沒去。現在想要去，真的已經沒辦法。我現在老了，可能無法支持長途飛機旅行，就連要去近一點的地方，例如去台北的永康街走走，出門前可能家人就要準備好輪椅，以免到時我體力不支不能走必須坐下來。就是這樣，我已經無法去想太遠的旅行事宜。

人生就是這樣，若問我那時爲何沒想到要去做，沒想到要趁還有體力時去南美洲，到現在老了沒法去旅行才有遺憾。那我要說，人生永遠會有不足，你今天可能有體力了，但後悔年輕時沒好好賺錢，也可能你今天有錢也有體力，但眾叛親離，身邊沒人陪你。人活著就都有遺憾。只能說，在人生的過往，你有沒有認真去過日子，你有沒有對得起自己。那回首的我人生，我終是無怨無悔的。

說起我的嗜好，其實真的不多，我成長的年代，經歷過物質貧乏的時代，很珍惜物品，不會去搞什麼玩物喪志的嗜好，後來整個社會經濟起飛，各種物質條件提昇，我也沒特別去學會什麼娛樂喜好。

從以前到現代，我最大的嗜好，還是喜歡去郊外去戶外，踏青旅行，到處走走。當然偶爾也會從事運動，不過沒有培養這方面的長期嗜好，那也和我的體質有關，我從小體質上就有些毛病，不太能曬太陽，太陽一照會中暑，這從少年時代起就這樣，每當我在日頭下站超過一個小時，就會出事，所以要運動就有所侷限。

至於下棋那類的益智活動，老實說，我是從事建設事業的，諸事繁忙，平常在商場就已經很忙用腦過度了，有機會休閒，自然不會要再玩必須動腦的嗜好休閒。

休假時就愛去散散心，接觸大自然，有機會也會帶家人去戶外走走。若可以的話，我比較愛比較遠的地方，因為可以見證不同的人文風情，我也去過歐洲亞洲很多地方，台灣就更不用說了。但也因為很多本來可以去的，一些較遠，台灣人較不方便去的所在，如南美洲還有北歐等，所以我才說，若有遺憾的話，就是沒趁年輕時還有體力去那些地方。

但以過來人的身份，我還是會勸年輕人，趁現在還有體力，有些夢想也要去做，像我就是錯誤範例，等到有錢有閒也很想去旅行時，就已經沒體力。當然，那是對現代年輕人的一種勸解，然而時序回到我那年頭的人，就可能又不適用這些勸解。畢竟時代在變，生活價值觀也會變。

也許人生終究會有遺憾，但話說回來，人活著，也不能一直想著這種遺憾。所以要改變思維，知足就好，不要去做非份之想。不要想，就不會不快樂。真的，人生知足很重要。

十一、實實在在的打拼，才是真人生

我這一生，大部份日子都是在打拼、打拼、再打拼。

我印象很深刻，我年輕時，三叔曾跟我說：「凡事去做就對了，你光會在那臭彈是沒用的。」這句話帶給我的影響很大，我這一生，就是一直要去做，不要讓人家說我「只會說，不會做」。

人生過程，其實說起來也很快，就這樣，我從一棟小房子蓋起，到現在放眼看去有許多我的產業。我可以以我的經驗和人們分享，但我也知道，如人飲水，冷暖自知。有時我碰到的事，現代人沒碰到，完全無法想像，很難體會那種心情。

就好比現代年輕人的一些想法，我可能也體會不到，這沒有誰對誰錯，很多事要就真的要親身經驗才體會得到，而一當你知道，一切已經是過去式了。

千金難買「早知道」，這就是人生。

若以規畫的角度來看人生，我的想法，一般人應該三十歲前要結婚，成家後人就可專心地打拚，為事業為家庭為社會，貢獻你的心力，但到了六十歲，就差不多要告一個段落，要準備交辦，最勉強最勉強到六十五歲就該退休，不要再賴在工作崗位上。以現代人的平均壽命來看，這樣後頭才可以還有十年八年時間可以有體力看是要玩、要運動、或要做什麼。不管心裡想什麼，你的體力一定也得跟得上，否則，有心無力，就是種遺憾。

但我也不是說，人生要到六十歲後退休才能享受，以我自己來說，我過往人生是一直在工作，或許我這樣的生活不是很典範。但就算是我，也懂得生活中小小的享受，所謂享受不一定要花錢。享受有很多種，像當年我在工地、在外頭，每天忙得半死，回到家後，諸事告一段落，全身放鬆的坐在大沙發上，喝一杯熱茶，在那當下我覺得非常的舒服，在我來說，那就是一種享受了。

生活不一定要很多聲光刺激，吃大餐用豪華的東西等等。我的人生，簡單就是美，如前所說，忙碌後的放鬆休息，是種享受。平日家居生活，邊看電視邊舒適的坐著，也是種享受；在社區裡，有老朋友大夥一起聊天，喝茶講古也種是享受，我的認知裡，不一定大魚大肉，也不一定要坐高級車，才叫享受。真正放鬆心情，活在當下，才是最好的享受。

像我有個朋友，他比我小才六十多歲，但卻有著錯誤的觀念。身爲他的朋友，我不好當面和他吐槽，但這裡想以他爲借鏡，和現代人分享一個概念，不要被表面的財富所蒙蔽，實實在在的做事，才是人生。

我那朋友，每當有兒女要嫁娶，他總跟我說，對方買法拉利啦！或手上戴什麼鑽石名錶啦！以這爲最大優點，讚不絕口。但我深深不以爲然。你想想，一個少年人，有辦法可以開千萬名車、戴百萬名錶，十個有九個，都是自己沒在做事業，都是靠父母的錢過日子，花家裡的錢來當凱子，來炫富。那些真正的，有在做事業的，絕不會擺出這種炫耀的態度，真正有在社會歷練的人，不會那麼虛華，那麼低俗。你想想，要把女兒嫁給這種人，對方的人生觀念就是要享受，手上有錢就是要花就是要灑。和這種人生活，你現在是看他有錢在高興，但將來面對真正生活就知道苦，一個銜金湯匙出身，不真正認真在實務上的人，一但碰到生活挫折，將完全經不起打擊，而整個人沉迷在物質享受的人，也不會認識生命的真諦，不懂得如何用心去和人相處。

若和這樣的人結婚，將來會變成你女兒天天回來告狀哀泣，訴說老公都不認真做事，每天開跑車到處跑、不務正業、花天酒地、生活不正常甚至搞外遇、惹麻煩等等。那時候你光聽這些就會氣死，哪還會再去管他的錶多少錢。人生要實在比較好，若選對象，要選比較實在的，才有未來。

十二、慎終追遠，孝道傳承

幾十年來，見證了台灣的經濟發展，也看到許多家族的興衰。有的世家，從刻苦環境中長大，建立一個事業帝國，但卻又在金錢中失去自我，導致後來不好的發展，有的事業開始衰頽，有的甚至負責人琅鐺入獄。

永福建設，從最初白手起家，有一間房子蓋起，到現在永續經營不動產。我們還參與化工及電子類的投資，但在這個過程中，我們家，始終保持著儉樸的習性。從我這一代一直到子孫這一輩，依然守規矩，克勤克儉。

我認爲，人若沒有一個穩定的內心自律，很容易在大環境的成長中，迷失自己，以爲有錢就可以花天酒地，以爲有錢了就可以目無王法，少了自我節制的心，就像酒醉開車上路，很容易出事的。內心一直有種自律，那種自律根源於一種世代傳承的感恩。

至而今，我們郭家，都還保有一種習慣，我們慎終追遠，並且不是只有逢清明才行禮如儀的祭拜。在我們郭家，不敢說百分之百都保有這種習慣，但可以說至少有百分之九十以上的家庭，至今都有著對祖先感恩的習俗，並且這樣的感恩是天天表達。我們紀念的方式，非常特殊，我還沒看過其它家族有像我們郭家這樣的，我們的祭拜，是從唐山過台灣的第一代起就開始祭祀，我們郭家有家廟，奉祀來台後代代的先祖，並且每一個郭家家庭，都會記著各世祖仙的紀念日，從百多年前的第一代，到現代的每一個直系宗親祭日，我們都會記下來，按時祭拜。而每日也會對自己的直系父母祖父母，晨晚上香。

祭祀習俗傳承百年，掃墓更不會馬虎。我們郭家，數代的祖墳都有著良好的管理，年年去掃墓。我們敬天法祖，我們感謝前人。這樣的孝心，不只郭家子弟要代代傳承，包括我太太，以及每一個進入郭家的媳婦，都將這件事列爲重要注意事項，不敢或忘。

我想，就是因爲心存感恩，時時以不辱沒先人傳承自我警惕，所以我們做事業都有著一種自律，因著這種自律，我們不論事業發展多大，都不會自滿，都不會迷失胡來。

我自己本身雖然很小時候，就失去了父母，但我還是有親眼看到我爸媽，感受到他們的恩情，即便時間短暫，也足夠我一輩子懷念。小時候我是由哥哥帶大的，家裡的傳承主要是大哥傳給我的。後來我自己創業自立，結婚買了房子，我便在自己家中，設立一個祖宗牌位的位置，然後去將祖先香火引過來。

隨著歲月更替，我自己的小孩也長大了，成家立業，有了自己的居所，同樣地他們會將這個香火傳承過去，一樣天天奉伺。平日透過族親會，也會有發函，公告每個人有關各項祭祀的日程，我們郭家弟子就會依時間，在某月某日某地集合。

感謝神明和祖先的保佑，我們郭家，不敢說人人大富大貴，但大部份的家庭都至少有小康以上的生活，很少有那種生活清苦落魄缺錢的。我們郭家子弟，也都自律上進，事業有成，當然或多或少可能還會有幾位比較放蕩的，可是真的很少。

對於祭祀的虔誠，我們表現在生活的許多層面。例如我們做建設的，原本開工及落成都會有祭祀，除此之外，初一十五及神明生日，我們也絕不敢怠慢，都要誠心誠意，集合全體員工，備齊牲果，統一上香，昭告神明護佑。比較特別的，是在除夕夜的時候，現代人平時在商辦大樓上班，每當除夕夜時，原本繁忙的商辦大樓變成一座空城，也沒人做祭祀。只有保全，陪伴著孤燈無眠。每當這樣的時候，我都會交代我的兩個兒子，由於我自己已經退休，永福建設交給我他們管理，他們在除夕夜時，至各個永福大樓巡迴祭祀，他們代表整棟大樓，備好供品，誠心祭拜土地公，誠心祭拜地基主。

你要說我們迷信也好，或說我們信仰虔誠也行。我們的中心觀念，就是感恩，平日受神明照顧，今天逢過年過節，怎麼可以讓神明感到冷清，我覺得這是人與神之間的一種「誠信」。我們不只爲我們公司，也爲全棟大樓客戶。並且真的很感謝，年復一年下來，永福建設也越來日月昌盛。上天福佑，我們代代感激。

而講到過年，我們郭家的習俗，太太自己下廚，每到年初二，女兒們都回娘家，起初是我太太自己煮，等郭家有了兒媳婦，就媳婦一起參與煮年夜飯。家庭越來越龐大，年年年節，兒子女兒孫子加起來二十幾個，熱熱鬧鬧。二媳婦進門，也幫忙一起做菜協助廚務。一家和樂融融。

當初大媳婦二媳婦剛進郭家，也不會煮飯，這時我太太就帶著她們一起，如今也都各自是烹飪好手。這也是一種傳承。飯後，全家聚在一起聊天，那是忙碌的生活中，一種難忘的回憶。現在我太太已經過世，這些年我年紀也大了，隨著家族人口更多，有時候過年還是會去外面餐廳吃飯，但大家團圓的意義仍在。

我每每和我們郭家的子弟說，郭家不同於許多的大財團大家族，在豪奢中忘了自己的根本。在我們郭家，永遠守著傳承，永遠帶著對祖宗的追念。永福建設若能有今天的成就，相信來自祖先護佑的力量，也是我們不可或忘的。

十三、樸實人生，勤懇之道

對於我的人生，回首過往，我可以驕傲的說，我這一生從一而終，不說謊，不害人，勤懇打拼，守本份，用心建立起事業和家園。

我也很驕傲，一路走來，不論經過各種考驗，我原本做的事業，我從來沒有放棄，到今天都還一直經營。包括我做了幾十年的建設事業，更包括我最早從事的肥皂業，雖然因爲時代變了，當年的肥皂已經被時代淘汰，但我們懂得轉型，以肥皂粉的形態，現在還是持續有著事業經營，我們仍年年參與和益化工的事業政策。從年輕時代投入的行業，今天仍欣欣向榮，我也把這份驕傲，傳承給我的兒子。我們郭家，現在在建設事業、化工事業以及電子事業，都有一定成績。

有關多角化經營，我也不是隨隨便便就東搞一個事業西搞一個事業。我的原則，基礎打穩，行有餘力，才將事業觸角，往本業以外邁出。當我致力於建設事業前面那十多年，我先求站穩，一年四季全年無休，天天在工地打拼，之後看著一棟棟樓房蓋起來，我們的品質也都獲得肯定，我才開始試著去參與一些非建設業的事，包含化工業也繼續參與，之前談過的飼料業，以及後來投資璟德電子，都是之後逐步發展。

在業界這方面的例子很多，也是我們可以參考的對象，他們都是基礎站穩才投入擴大版圖，我們永福建設雖然規模沒有那麼大，但基本的原理是一樣的。

我的人生很可以自信地自我肯定的一點，那就是我這一生兢兢業業，認真從事，從年輕到退休，沒一天懈怠。並且我以誠待人，永福建設推出的房子，也都是經得起考驗，我知道，身為一個企業的老闆，我不僅對公司員工有責任，也對社會大眾有責任。而我的公司也有股東，我的人生勤懇踏實，不負所託。

我相信，我可以留給公司最好的資產，不是幾千萬幾億的資金，也不是隨著物價波動，漲了幾成的不動產投資。而是做為一個企業，一個社會資產，誠信的價值，以及對得起公司商標的聲譽。我這一生，始終不渝的信念，就是做人要守本份，持之以恆，絕不能說，今天幹得好好的，明天又說不行了，不能持久，這樣是不行。我相信能守本份的人，時間久了，一定經得起考驗，不特別去追求什麼名利，但踏實做事，時間久了，你就有值得驕傲的成績。

其實，你若問我，我這一生有什麼成就，我一時也說不出來。但就是這三個字：「守本份」。我這一生一直在打拼，一直做事不講空話，無形中一年年累積下來，就出現成績。所謂驕不驕傲，我相信要由別人來判斷，我只知道，我的人生我的努力，對得起股東，我的商標都是用永福，以建設業來說，我不跟別人一樣，蓋這批房子取一個名字，下批又取一個名字。我們就是永福大樓，實實在在經營的永福建設。

基本上我一生個性低調，也從不主動去做廣宣，或上媒體之類的。要去大幅宣揚曝光上鏡頭，這類的事和我的個性不合。但我雖不去積極曝光，終究我們永福建設的成績還是可以被大眾看到，像時常有銀行經理人來拜訪我，都會一直稱讚我怎樣怎樣的，我也是在那種時候，才知道外界對我的看法如何，知道永福建設是真的受到世人肯定的，那時候我就會感到比較欣慰。

若要用兩個字來代表我這個人，我想就是我的本性：「樸實」。我要告訴我們年輕人，不論你是聰明還是反應比較慢，我們做事情，只要能勤懇踏實，有頭有尾，那努力終會有報償，你努力做出來的，就是有成果。而當你有一點點成果時，也不要自滿，達到一個境界了，還有下一個境界要努力。

像我經營我的事業，我保持著永續經營的哲學，做事不會半途而廢，過程中也不會急躁，反正我就一步一步走，也不會沒耐心。我知道做事業過程要很專心，所謂專心，不是說只看著這件事就不管其它事了，而是說，立定目標，就努力朝目標邁進，不要中間過程人家說一句什麼話，你心情就受影響，政策就動搖，然後就目標變調了。

而我的特點之一，是我不會說謊話，反正事情就是這樣，不用去花工夫粉飾或加油添醋，對的就是對的，我不會現在這樣說，三年後忘了當初怎麼說，然後又得說另一套。這樣人生也很累。我的人生就是自始如一，講話實在不會加油添醋，實實在在過人生，當你肯實在做事，社會就會認可你，我不會講東講西，人生也很平靜。

十四、公司經營，留住好的人才

永福建設，是一個永續經營的事業，我們是建立一個制度，建立一個規範。即便我退休，公司也仍繼續營運，以基本的信念爲守則，持續拓展。

公司要發展，用人當然是最重要的，以永福建設，我從前的用人方法，現在也一樣傳承到新的經理人。那就是，我聘請一個新員工，重點是要看他有沒有用心。

說起來很抽象，其實很容易看得出來，有的員工，他今天來永福建設上班，其心態是一早第一件事先趕九點打卡，不要遲到，他的重點在有沒有打卡，而不是工作進度如何。而下午六點還沒到，他在五點多就頻頻在看錶看時鐘，然後下班時間一到就準時走人。這樣的人一看就知道心不在公司，真正可以和公司同心的人，不會有這種小動作。我們工作做事哪有如此剛好，一件事就剛好一到六點鐘，事情就做好。

以上下班湊滿八小時的心態工作的人，不是我們需要的人。

我們用人的第二個重點，要找自動自發的人。就是說，這個人進來後，我們就算很忙不去管他，他也可以照本份走。好一點的自己設法爲公司爭取利益，差一點的，也可以謹守本份，做好該做的事，不會因主管在忙不注意他，他就混水摸魚。我知道很多企業員工不是這樣，他們一當看到老闆進來，就故意表現得很忙的樣子，但老闆一不在，就好像離開鳥籠束縛可以自由飛的心境。這是不對的，我們用人，強調的是，不論老闆在不在，你都會認真做事，這才是對的。

在過往幾十年來，永福建設的基礎已經有了。我要讓下一代可以做得更好，我們打下的基礎，要讓他們可以長久。這就要靠實力，不是靠家族。永福建設目前總經理以下的職位，我們的制度就是看誰強，就給誰當主管，因爲永福這棵樹越來越大，我要給下面的員工們一個升遷機會。我用制度告訴他們，你只要努力，就可以有機會往上升，可以升副理、升經理，只要你實力夠，肯打拚，那大位有能者居之，歡迎你奮鬥來挑戰這個職位。

從以前公司還在小規模營運時，我就沒有在想說要家族世世代代獨霸一個事業，進入現代化的社會，公司要長遠發展，一定要走這條路。我覺得當總經理的人，要會裁決，要有魄力，這種能力不一定學得會，也不一定每個人都適合。我也常告訴我的子孫，當你們在海外求學時，將來如果有興趣回來公司打拚，我歡迎你們，我會有個舞台讓他們自己去拚，可以讓他們選喜歡的部門，畢竟有一天人都會老，這一代凋零了，還得換下一代。但不是你回來就一定接掌什麼大位，你要用實力證明你可承擔重任。

我的經營理念，在永福建設，我是創辦人，可以將精神落實，將經驗傳承。在和益化工的部份，我們參與的部份，沒那麼深入。但璟德電子就不一樣，因爲我投資最多，也可以參與營運事宜。

公司都是看能力來用人，這就是公司營運的規則。

基於永續發展理念，永福建設機構以蓋屋售屋爲主，更進一步專業管理經營自有不動產，包含土地、辦公室、店面、停車位等之招租管理。並做好服務標準化，從九十七年起有了「永福商辦」品牌。也期望我們的員工們，在這裡工作有著高度成就感，與榮譽感。

5 典傳

一、懂得自律的家庭生活

家庭是我人生最大的支柱，我這一生非常的幸福，遇到了一個普天下再也找不到的好太太，她是我創業最大的幫手，也是理家的最佳賢內助。我也很感念我的家人小孩，我們一家和樂融融，讓我事業打拼無後顧之憂。

談起我的家庭，如同我這一生一般，我們的生活簡單平實，數十年如一日，勤儉規律。直到我正式退休前，每天的生活都有種自律，我和我太太兩個人分工，既要管理營建我們的永福建設，也要做好家庭管理及子女管教。

那時候幾個孩子都還在唸書。我們的一天的作息大致是這樣的：早上六點，我太太就起來煮飯，同時間我先到透天四樓，對著祖先牌位燒香，我會泡一壺好茶，畢恭畢敬的敬奉祖先，感謝他們的護佑，永福建設年年成長，郭家子弟能夠有一番成就，也對社會做出貢獻。接著在我太太作飯的這段時間，我便開始做打掃整理，從樓上一層層的掃到樓下，我們家都是自己來，沒有請佣人。我教養孩子，也是讓他們學著自立自強，不只管理好自己房間，也要協助家中清理。

我六個小孩子，在假日他們不用上學的時候，我就會規定他們，小孩兩個兩個一組，共同打掃家裡。我是採用大配小的模式，老大和老么一組，老二和老五一組，老三老四一組，他們的年紀剛好從國小到國中，分成三組，我讓他們一組負責打掃一層。學著用心去理好這個家，也帶點點的競爭，看那組掃得最好，用不用心，我和太太都會看得到。

不只樓梯，及地板，我們連馬桶也要清理。我家的馬桶，那時都是我自己刷，並且刷得很乾淨，不會有污垢。當輪到小孩一起掃時，我也監督小孩要把馬桶刷乾淨。清掃後，我一定監督他們洗手，不只要洗，並且要洗好幾次。我注重自律教育，也會注重衛生問題。幾個小孩，你洗完換他，他洗完換她，我會一個個檢查，若沒洗乾淨，就要再洗一遍。

在一般正常的上學日，我們全家一起早餐後，接著孩子會帶著便當去上課。不只他們帶便當，我和太太也是帶著便當，然後一起去工地迎接忙碌的一天。那個年代大環境經濟還在發展，沒什麼餐飲店，大家都自己帶便當，即便後來大環境發展，各種餐飲吃食店一家家開，我們也是都吃自己家裡帶的飯爲主。

我們家七年生六個小孩，年紀很接近，他們的成長時代，也正是永福建設剛要發展的年代，我們事業正忙，孩子仍小的時候，最是辛苦。現在回想，有許多甜蜜的回憶。像在小孩子都還很小的時候，我和太太兩人分工幫他們洗澡，分工的方式，我負責洗，太太負責「包」，講起來有趣，有點像工廠作業方式，以前那年代，當然不是現代這種浴缸，而是我們家裡自己請工人來疊磚，再鋪個水泥做的簡單浴池，就是地上一個洞。洗澡時，孩子們就排排站，一個兩個這樣進來，把衣服脫了，浸到水裡，我在旁邊抓著洗，洗完一個換一個，把池裡那個抓出來，放在外面，我太太在一旁接手，幫小孩用浴巾擦乾身體，快快穿衣。整個來說就是一貫作業，特別是冬天時候很冷，我們動作要很快，不能讓小孩感冒著涼了。就這樣洗到小孩大到可自己洗澡爲止，我們家也都沒請過傭人。

日常生活，一天辛勞過後，我和太太回家，彼時孩子也都下課回來了。我太太就開始煮晚飯，全家坐在一起吃共享天倫。這樣的生活方式，也許在民國五六〇年代，是很一般的。但接下來模式就很不一樣了，晚餐過後，在一般家庭，可能就爸爸在客廳看報，媽媽洗碗後也一起看電視，陪小孩玩。在我們家，晚飯過後的模式，是我要開始帶小孩念書，即便白天已在工地忙了十幾個鐘頭，人很疲累，但監督小孩讀書的事，我絕不鬆懈，幾個小孩的功課都我在盯，我會一個個問他們今天在校唸書的進度、功課做了沒，寫習題時碰到什麼困難等等。

我這樣不算真正的辛苦，真正辛苦的是我太太。就在一般家庭主婦晚上要休息的時間，卻正是我太太忙碌趕工的時間。爲什麼？因爲她不只是我的太太，孩子的媽媽，她還是永福建設不可或缺的總管。

每天晚上，她作好飯，清理好餐桌，洗好碗筷處理好家庭內務後，大約七點半八點左右，她開始要忙「帳務」了。

要知道，白天在工地，她要忙的事很多，包括有廠家要請款、有住戶要繳款，有稅金及水電單據等要處理，每天她都要面對很多憑證，而這些單據類別不同，且進出頻繁，時時刻刻有狀況，並且工地裡還有很多瑣事，都要她來處理，所以她不方便在工地記帳。光用想的，就可以想見那是多繁雜的帳務，以一個工地有兩百個住戶來說，每戶人家又是分好幾期繳款，每家人繳款的時間也不一定，然後不免有些狀況，這家這一期晚繳，那家補繳上期的等等，說是分期，金額也不小，也是十幾二十萬的數字。想想看，兩百戶人家各分好幾期，繳的金額都不能錯，這需要多大的刻苦辛勞？我和我太太，長年在工地做事，已經有個默契，那就是當場只收款做紀錄，但不記帳。她的作法，會針對每筆進出，用便條紙記好，在桌上分門別類一落落放好，現金部份，也是當場確實點收無誤，一包包裝好，這些連同單據，晚上一起帶回家。然後每天整理完家務後，她再開始正式記帳。

二、我終身感恩的賢內助

現在我已經年過八十了，我的太太在前幾年不幸因病過世。但每當我回想起我太太，我真的內心充滿感念。我郭永福何其有福，能夠娶到這樣的妻子，當年我事業草創，一開始缺資金蓋房子時，她願意拿出她全部的嫁妝，讓我做爲抵押去和姐姐們借錢。之後我創業從無到有的每一條艱苦路上，都有她默默付出的身影，很長一段時間，所謂公司，就是我和她兩個人而已。基本分工，我是負責所有外務，包含選地、買地、洽商各種營建業務、管理建築興建等等，我太太則包了所有的「內務」。舉凡會計、出納、文書、行政、管理，就是說以現代社會來講，現代化辦公室內所有的坐辦公桌部門的工作都是她一人統包。我每次想到，就覺得她怎麼那麼能幹。並且數十年如一日，任勞任怨，做事認真，從不出錯。真的，她和我打拼建設事業這幾十年來，帳務從來沒有出錯。

時常，閉起眼睛，過往在一起打拼的生活印象歷歷在現。在一整片工地上，工人正揮汗忙碌著，不同的師傅，各司其職，做水泥的扛磚的做木工的，人人都在勞動。而在每個工地裡，我和太太有個小小的辦公室，那裡是整個工地運作的神經中樞，當我在外面指揮工人施工時，我們小小的辦公室，也總是進進出出的，這一分鐘，第幾號客戶過來繳第幾期款項，還正在核對期數及金額時，水泥工師傅來請款，說要買料，預計何時進貨。下一分鐘，又是另一個包工要請款，另外有買物料要點收。即便在現代有電腦化作業管理，都可能要不同部門的許多人來處理的事，當年就我太太一個人可以搞定，且從不會記錯帳，或和人起財務糾紛。

我太太要做的事，真的很多，除了一般會計作業收付款外。有關法律的事，和房屋代書接洽，是她在處理的，當房子要過戶了，要和銀行辦貸款這些業務，也是她在處理的。其它付薪水的是她，督導各項進度的也是她。我都跟人家稱讚 我自己的太太，這麼優秀這麼好的賢內助，再也找不到。

和她一起工作，夫妻倆也早有一定的默契，要付錢的雖是她，但審核的人是我。我們都有一個內心進度表，知道這個師父工程做到哪了，該付到多少錢，我們都有個底，時候到了，我會先看單子，說這期先給你多少錢，太太看到單子就知道多少錢。幾十年來，不用靠電腦，我們兩人分工清楚，默契天成。看到哪個工程到一定進度了，她就把支票先準備好，和相關單據放一起，當一個一個人來請款，她從來不會亂，心中都有譜了。在永福建設，若說我是老闆兼撞鐘兼外面總管，那我太太是另一個老闆兼會計兼總務。這種默契年復一年，由青春到老。

我很佩服我太太的一點，她再怎麼忙，腦子都不會亂，總是清清楚楚的分類，這一袋是廠商的款項，那一帶是住戶的款項。隨身的簿子，也都筆記清晰，在沒有電腦的時代，她的準確性比電腦還高。而那個簿子，也只是簡單的筆記本，她每天會預先查看，預計今天某某某會來請款，她會事先把錢帶好，不會讓人白跑。而所有這些準確，都有賴她前一晚在家辛勤的記帳整理。她每天晚上清理好飯桌，就開始忙帳務，一忙經常就忙到深夜十一、二點，彼時孩子都已經睡了，她還在燈下操勞，而第二天一大早，五六點時她已在廚房忙碌大家的早餐，天天如此，從不間斷。這個賢內助，無怨無悔的陪伴我從青春到年老的年年月月，她這一生很少享受到什麼山珍海味，她活著就是在操持這個家，以及爲永福建設打拼，我對她的感念，終身不忘。

我們做建設的，因爲行業的性質，有著特殊的工地文化。當然我自己做這行的，從年輕就和那些粗工一起，我不會瞧不起他們，更不會自以爲和他們是不同身份。但，因爲教養孩子的關係，還是必須要工作和家庭場域分開，畢竟，做工的這些師父們，都是性情質樸，出苦力做生計的，多半也不會受什麼高等教育，在男人爲主的工作場合裡，講粗話，動輒三字經，是這行的常態。我本身是可以和他們融爲一體，指揮他們，一起把房子蓋好。但就不方便他們的生活習慣影響到還在唸書的子女。所以，再怎麼辛苦，再怎麼麻煩，我和太太仍堅持，所有的帳務交付，都要在工地辦公室，我們絕不讓這些人到我們家裡請款。也因此，我太太會變成白天在工地忙收帳紀錄帳款，晚上才能好好的在家一筆筆記帳。

郭太太站在莒光路工地前

回想當年的日子，真的，我和太太就像兩頭牛一般，一天到晚忙忙忙，每日由六七點，忙到深夜。現在回想起來，感覺那種累好像不是人過的生活。可是卻也一路走來，打造了永福建設事業版圖。當時的生活和現代人差天差地，哪像現代年輕人，動不動就唉唉叫，嫌苦嫌累。

永福建設很久以來都沒有請會計，一直到公司正式企業化後，才真的有人事制度，也開始聘用人。也只有到那時，公司才請會計，但我太太仍負責整體的內部管理，並且那時永福建設的版圖已經更大了，加上我還有參與其它事業，整體的事務只有更忙，我太太仍舊非常的辛苦。

三、百分百的人生幸福功臣

年紀大了，想想生活是什麼，其實，就是珍惜身邊的人事物。老來回首一生，無怨無悔，這就是生活了。

提起我的一生，建設事業占了很重要的部份。但家庭生活，我也沒有忽略，我很慶幸，當聽到很多企業家，有了事業，卻得以犧牲家庭做代價，我自問，我的事業和生活，都能兼顧，我的人生，算是比較幸福圓滿的。

帶給我人生幸福的最大功臣之一，當然是我的太太，有時想起來，我太太真的不簡單，真的非常值得尊敬。前面說過，她是我事業最得力的助手，我主外她主內，我們兩人白手起家把永福建設做起來。以現代角度來說，她當然是個典型的職業婦女，但身爲一個職業婦女，她有辦法也扮演好家庭主婦的角色嗎？我要衷心的說，我的太太也是個一百分的家庭主婦，她把家裡的每件事都做得很棒，很完美，我到現在很懷念她，她真的是很不簡單的太太。

很難找到這麼棒的人，既在事業上有其專業，又可以這麼顧家把家庭整理得妥當安穩。我想起我們教養小孩的時候，那年代小孩沒像現代有一堆名牌的尿布，我們那年代的尿布，就是把我們穿過的衣服，那些已穿到舊、穿到破，穿到實在不能再穿的衣服，拿來做尿布。我的太太，會把那些布洗一洗後，裁減成一片一片四角形的布塊，然後再用這些破布破衣裁製成尿布。

那年代很多人家都這樣做。而每當熱天裡，常有雷陣雨或梅雨，尿布一時難以曬乾，但小嬰孩在哭鬧了需要用到尿布，怎麼辦呢？那時我們家就會準備灶火，拿一個大竹籃把尿布鋪在上面，用灶來烘乾。現代人或許會想，怎麼煮飯的地方和烘尿布是同一個爐，我們那年代就是這樣勤儉。有人嫌尿布臭，不衛生，那若是水肥他們就更難接受了，但我們那時，家家戶戶都還是有化糞池，然後每隔一段時間就有水肥車來抽水肥。而時光若再更早，在我小時候的年代，那就連水肥車都沒有，水肥是每家自己的寶，是可以做為肥料甚至賣錢的寶，現代人嫌臭，那時代可是非常珍惜著用呢！

回過頭來繼續講我太太，她勤儉持家，家中很多東西，都是她自製的。而且她記憶力超好的。我印象深刻，有一次，在民國六〇年代，彼時政府派人來查稅務，說有一筆資料要補，若沒有資料，就要罰錢。我們明明記得以前已經繳過那個稅款了，但那已經是年代久遠了，偏偏那時政府一筆資料要隔個好幾年甚至超過十年才去追查。我太太很特別，別人碰到這種狀況，摸一摸鼻子自認倒霉罰錢了事，她卻不服輸，和稅務人員爭辯已經繳過了，稅務人員說，他們也不和我們吵，反正就是看證據，有就有沒有就罰，等著看我們怎麼辦。我太太還真的很厲害，她平常放東西都很有秩序，那天她邊想邊找，不死心的翻找舊資料，還真的，最後讓她找到了單據，理直氣壯的拿給稅務員，這下沒話說了吧！連稅務人員都當場傻眼，忍不住稱讚我太太，說這個東西都已經很久了，妳還真的找得到，佩服之至。

這真的是很難得，一般人單據保留，不要說十幾二十年，就連兩個月三個月的資料，都可能找不到，早就丟掉了，哪還會保留。但這就是我太太的優點，她東西放哪裡，都記得很清楚，在心中她有個脈絡，即便是二十年前因年代久遠不能立刻想起來，但終究她仍然硬是把單據找出來。那稅務人員也大力稱讚她，說這麼多年的東西你都還有。我當時就回說，不然怎麼辦，要乖乖讓你們罰喔！說真的，這有點過份，爲何一件事過那麼久了，時隔二十年還來跟我們要。那個年代的確很多行政效率都有弊病，到了現在政府就比較有效率了，像各種單據如今的規定是要保管七年，實務上也很少再聽說去追那麼久以前的單據了。

從這個事件可以看出我太太的管理能力很強，她東西要放哪，都有個紀律，東西不會亂丟，放哪都固定的，要找東西很快。在日常生活中各個細節，她真的一點一滴都做得很好。我很感激有她這位賢內助，她的錯誤率之少，真的非常特殊天下少有。像管理建設公司帳務，在現代有電腦輔助的專業人員，都難免會出錯，但我太太幾十年來，跟著我做建設事業，每天處理的業務，從來沒有出錯過。

另一件很特殊的事，就是她這個人非常惜情，就是說她很珍惜情份。當年她本身在銀行服務，自從嫁給我後，也就已經算離開銀行界了。但她仍和以前同事保持良好關係，她那些以前的同事，隨著工作時間，一個個升職，調到不同地方擔任經理或重要幹部，知道我們家在做生意，就會回頭來請「老同事」幫忙。要知道，她的這些升官的老同事，位在不同地方，有的在新莊、有的松山、有的在大稻埕等等，他們就都常打電話來和我太太拜託，說這個月欠業績，請她幫個忙云云。我太太這個人，真的很重感情，又愛幫助人，就算只是古早時代十幾二十年前曾經共事的同事，並不是有什麼深交的朋友，只是短暫的共事緣份，她就決定要幫對方。然後她就跟我講，某某某現在在某某分行，需要我們幫忙，既然太座都吩咐了，我哪會不幫。於是經常就爲了這樣，我和她，每每得利用中午時間，師傅正在休息工地比較沒狀況時，我特別開車載著她，跑新莊、跑松山、跑大稻埕。說實在的，我自己在板橋一帶蓋房子，我要存錢頂多到萬華就好，爲何還得特地犧牲中午休息時間，把收好的現金整理好，專程開車去遠遠的地方寄存，就只爲了幫她朋友做業績。但就是那一份善念吧！她願意幫人，這世界也會回饋我們以善緣，永福建設一路走來，業績不斷上揚，我太太積的福德也是不少。

八年前我太太往生時，我心中真的很不捨。有時會想到，她一生都在付出都在奉獻，打拼到七十一歲離開人世，但她的人生，其實都沒什麼享受，大半生都跟著我做牛做馬，全年無休的爲事業奔忙，爲家庭操勞。真的比較有休息的時間，其實也就差不多她六十歲後的這十年。

我每常說，永福事業有今天的成功，我太太絕對占有一半的功勞。一般女性只要照顧家裡，她還要顧事業，年輕時代也沒請人，每天工作十五六小時，沒有一絲怨言。

就因爲有這樣天賜的好妻子，我也都好好珍惜，也因此我和她很少吵架，若有吵架，我也都遵守一個原則，那就是我絕對不會隔超過一午不講話。例如，很多夫妻吵架會冷戰，一整天不講話甚至兩三天都在冷戰。我絕不這樣，我的原則，若下午吵架彼此生氣不講話，那最遲到晚上我也會想辦法和她對上話，就算她怎麼生氣不理我，我死皮賴臉，東講一句西扯一句也要想辦法和她講話和好。因爲這個女人値得我敬重，我願意一生好好珍惜她。而且說真的，她若超過一天不理我，我還真的很多事都不能做。

我太太的身體也不錯，以前時代，公司就我們兩個人，實在說，也沒本錢生病，一生病誰來做事。我們永福建設是長期作戰，早年戰戰兢兢的不敢懈怠，即便後來事業逐漸起步，也還是有很多的業務待辦，一天都無法鬆懈。我太太是最佳的戰友，陪我從無到有，打造永福建設。

而且她生活很檢僕，從來沒買名牌，也不愛化妝。現代女生許多人都愛慕虛榮，把時間花在弄得美美的，而不是用在做事上。我太太不會這樣，她就是把她的人生完全投入在爲郭家，在爲永福建設的付出。印象中她化妝品很少買，頂多是撲個粉，沒有再什麼畫眉等等的臉上工程，而也只有在真的很重要的場合，基於禮儀需要，她才會這樣淡妝，例如家人大喜結婚之日，或重要開幕典禮場合等等。她也很少做衣服，一般太太都愛訂作衣服，她很少這樣，而且她身材很不錯，買什麼衣服都合穿，不用訂做。平日她最常穿的就是類似套裝那種衣服。

若說買貴點的東西，那她頂多是買錶，她會買勞力士錶做爲紀念品送給小孩，像我

郭永福伉儷

們家兒子媳婦等，每人都有一個她送的錶。

這就是我的太太，令人永遠懷念的太太。

四、無限懷念，一個勤儉持家的婦女典範

認識我的太太，是上天給我最大的福份，讓我心中充滿感恩。

現代社會一般的婦女，基本上有兩大類，一種是專職的家庭主婦，一種就是職業婦女。當然，所謂職業婦女下班後也會做家事，只是通常無法和專職家庭主婦比。

我的太太，這一生陪著我打拼事業，是建設事業發展的一大功臣，她當然是個職業婦女。但在家庭這一部份，她也做得盡善盡美，不但不輸一般的家庭主婦，甚至有過之而不及。

早年時代，創業剛開始，她勤儉持家，照顧好家中的每個環節，讓子女有成，家裡井然有序。到後來建設事業日漸蓬勃，她也更加忙碌時，卻也重沒有影響家中事務。她也依然勤儉，巧手的她，只要可以不花錢的，她都堅持自己來。

以孩子穿的衣服來說，從小他們的許多衣服就是我太太自己製作，例如四個女孩的內衣，當時她們還小，她會自己買布來裁製，所以她們穿得都是同花色的衣服，且由於小孩子身材年紀相近，身材也差不多，爲了要讓衣服可以區別，她會在袖子上用一條較粗的線，鏽一横代表是大姐的，繡二横二姐，繡三横三姐，不鏽的就是小妹的。清楚明白，女孩們不會穿錯。

至於我太太自己的衣服，她一生勤儉，很少買自己的衣服。她本身有兩件大衣，有一件是結婚時就帶過來的，有一件是剛結婚不久買的，這兩件她穿了三十年，連我的小孩們都說，他們從小小孩就看到媽穿那件衣服，直到二三十年後，他們都已成人，媽還是穿那兩件衣服。懂得珍惜用品的她，衣服破了絕不捨得丟，而是用縫補的，最後當衣服真的實在不能再穿，也不會丟掉，就算是當做棉被布料也好。當然也會偶爾買些洋裝，但她真的很省，例如若一件洋裝，有口袋的款式，會多貴個一百元，那她就會寧願買沒有口袋的款式，買回家後再自己裁縫加口袋。她就是這麼勤儉。

但對小孩就不一樣了，她除了自己幫他們裁製衣服外，每年過年一定固定帶小孩去買新衣服，她讓小孩有個新年新希望。那時代買衣服，她都是帶著小孩從家裡一路走到當時仍叫「城內」，也就是現今總統府附近，衡陽路那一帶，那兒有委託行，有從國外批來成衣販售，她就帶小孩去挑，一人一件。我們家有六個小孩，她就一次帶三個去挑，沿路走過去約二十五分鐘，第一批三個小孩挑完，走回家，她再帶另外三個小孩來挑。

另外，她每年也都會幫六個小孩縫製背心加毛衣。她的手藝很好，手巧心細，一件一件用愛心勾出小孩的毛衣。有時候我和小孩都感到很訝異，我和她從週一到周日，全年無休要在工地忙，回家都是晚上了，我太太卻仍可以撥出時間，爲六個小孩如此勾出一件件細緻美麗的毛衣。

她這個幫孩子勾毛衣的習慣，維持到六十多歲了，彼時小孩都已經長大，家中經濟也早已經寬裕，但她就是勤儉習慣了，寧願用雙手，也不肯輕易花錢。此外，巧手的她，不只會裁製衣服，更是家政好手，家中很多地方都看得到她的慧質蘭心，像茶几墊、電話墊等，不同大小的，她手藝很好，做得一點不輸外頭工藝店賣的成品。因爲女孩上國中時有家政課，有一回她幫女兒做家政勞作，縫了一塊桌巾，因爲實在勾得太好了，竟被老師拿起來當示範。後遺症就是，老師就會懷疑一個國中女孩怎會手藝那麼好，於是女兒就被抓包，桌巾不是自己勾製的。

透過我太太的巧手，她編織歲月，也編織我們郭家一個溫馨幸福的園地。現在她已經不在人世，但她在這裡那裡留下的一塊桌巾、一件毛衣，仍時時勾起家人對她無限的思念。

年輕時代難得夫婦忙裡偷閒去南部旅行

五、事業家庭兩全，真乃奇女子

如今回想起來，真的還是要說，很佩服我太太，她像是個仙女一般，我都不知道，工作那麼忙碌的她，如何可以找出時間，把家務也理得那麼好。

我們夫婦白天在工地忙，晚上回家，她還要記帳。夜深了，六個小孩做完功課早就入睡了。我太太卻還有很多事在忙，她要一一核對兒女們的聯絡簿，簽名寫聯絡事項。然後她要爲六個小孩準備好第二天的筆，那時代，小孩都是用鉛筆，勤儉的她，也是一次大量買回同品牌的許多鉛筆，孩子們每個人兩枝，她都會在晚上爲他們一一削好鉛筆，並在上面做記號，老大的鉛筆是一橫，老二的是兩橫等等。小孩子們第二天起床，十二支鉛筆已經整整齊齊的擺在那邊，和連絡簿放在一起，可以帶去學校。

我的小孩有時候都會問我，媽媽怎麼有時間做那多事，媽到底幾點才睡。像我女兒有一次就跟我說，她有天半夜起來上廁所，彼時都已經凌晨兩點多了，卻看見媽還在廚房清窗戶，以前的窗戶是木格子嵌玻璃，不像現在大片玻璃那麼好清，特別是在廚房，窗戶容易積油垢，非常不好清。我女兒就看見媽媽，深夜還在刷窗戶，女兒問她，那麼晚了，何不明天再做。我太太就說，當下的事就當下趕快處理完，明天還有明天許多新的事要忙呢！

就是這樣，我太太，幾十年來，工作上，帳目從來沒有出過問題；家裡的事，也都一件都沒耽誤。

我孩子們會問，媽到底幾點才睡，因爲還有一件很神奇的事，在我們家，大人小孩都是吃現煮熟食爲主，每天一大早，我太太會準備好現煮的白飯，然後做好配菜，讓大家有個飽足的早餐。是熱騰騰的白飯喔！不是稀飯，也不是麵包，所以她要很早就起來整理廚務，料理早餐。並且很不簡單地，她早上還要準備八個便當，我們的便當都是當天現煮的，不是前一天放冰箱拿出來的那種，所以我們的小孩帶便當去學校，即時碰到學校停電當天不能蒸便當，也從來不會擔心飯不夠熟。你想想，小孩子六七點就要出門，大夥一大早就用早餐，她還得一個個準備便當，那代表她多早就得起床，但每天她又得忙到深夜，所以小孩們都好奇她哪有時間睡覺。

早上是現煮的白飯，那晚餐就更不會馬虎了，是更豐盛的飯菜。我們家沒有請佣人，都是我太太自己打理全家的三餐，她白天在工地辛苦忙完回家，小孩子已經一個個到家了，她不會讓他們餓著，就立刻下廚烹煮美味。她還有一個絕活就是魯肉鍋，她都會煮一鍋香噴噴的魯肉，我們那時叫這個爲「菜母」，因爲不論我們吃什麼，這鍋魯肉都很配飯，只要灑肉汁魯肉在白飯上，就可以吃得很香甜。而這鍋「菜母」也非常實用，配完一餐後，鍋子就保溫著，例如當早上大家吃完飯，一個個上學去，我太太會清理飯桌，然後把那鍋魯肉放在電鍋，之後用棉被包起來保溫，不用插電，而是真的用棉被保溫。其效果可持續一整天，當小孩子下課回家，彼時我和太太都還在工地時，他們就可以先打開電鍋，簡單先塡飽肚子，被棉被包著的電鍋，保溫效果不錯，他們吃的都還是熱熱的。

由於我們家有八個人，且天天自己炊煮三餐，所以我太太每周都要買很多菜，她一週都要選一天去市場採買，那年代雖然已經開始有超級市場，但她嫌太貴，還是寧願去傳統市場買。她都選在周六或周日，孩子休假的時候，然後六個孩子分批輪流陪她去買菜，通常要去個五趟，她先帶一個或兩個小孩一起，買了一菜籃車回家，接著再出門帶其它的孩子去。如今我的小孩們都已長大，回想過往陪媽媽去市場買菜，一路聊天邊談學校的事邊參與採買，跟媽說他們想吃什麼等等，非常的溫馨甜蜜。

我的太太不是家庭主婦，我們建設公司的事業，是全年無休，所以我太太買菜會選在假日一大早，因爲那個時段，不會有人說要看房子，她一早買完菜，回家整理一下後，又會趕赴工地，開始另一天的忙碌。而有時候，有客人來家裡，她也是立刻，在廚房忙將了起來，準備出一桌好料款待貴賓。

說起買菜，我太太的手真的很巧，不只很會編織，也很會做菜。由於我很小的時候，父母就已經過世，所以她嫁來我們郭家時，並沒有公婆可以教她廚房的事，但她就是很

夫唱婦隨的幸福身影

厲害，彷彿天生就會作飯，每天不論再忙，就是可以三餐料理出一桌桌香噴噴的美味。她還會做粽子，不是我吹牛，她做的粽子就像外頭人家專業的大廠商賣的粽子一樣好吃，過年過節她還會做糕餅、發粿等等，年菜也是自己做，她做的菜完全不輸人家外頭喜宴請總鋪師煮的那種，她會做出一盤盤香味撲鼻的珍饈，然後用玻璃紙包起來（那時代還沒有保鮮膜），她的廚藝真的是色香味俱全。她甚至還會「研發」小點心，不知道用什麼粉，包了花生和糖，自己拿捏比例和調和味道，然後拿去烤箱烤，又是一個美味出爐。她做得餃子也漂亮，感覺就像台灣的知名餐廳鼎泰豐出品的那樣。我太太的多才多藝，真的是沒話說。

六、一生學習，一生用心

說起我太太做事如何有效率，透過我孩子的眼睛來看最準，由於我自己一年四季都在忙事業，有時候反而沒有我小孩對家人觀察得細微。像我小女兒，有一次生病在家，因爲家中有人生病，所以我太太當天就留在家中照顧她沒去工地。我小女兒也因爲一整天在家，躺在床上休息，並且可以看我太太是多麼有效率的做事。我女兒後來就告訴我，媽媽好厲害，她一邊照護著她的病況，一邊手上沒閒著，拿出所有帳簿計算整理，然後還打開收音機，耳裡聽著最新的股票行情，同時間，她眼觀四面，耳聽八方，彼時洗衣機正在洗衣服、廚房的瓦斯爐上還正燉著肉，手邊則是令人眼花撩亂的收支進存帳目。我女兒就看著我媽，同時照顧好每件事，心中好佩服。

她工作再忙，小孩子的事從不忽略，她自己小時候是小學第一名畢業的高材生，當年校長還去她家懇求家人讓她繼續升學，只因那個年代的社會觀念是女子長大就要嫁人學歷不用高，所以她終究沒有再升學。所以現在看著小孩子唸出，她就會覺得，唸書是很珍貴的事，有書可以唸怎能不好好唸呢！因此她對小孩子學業就格外關心，總會撥出時間來，不定期去學校拜訪導師，了解小孩課業進況，若小孩不認真讀書，她就會語重心長的交待要好好用功啊！

直到年紀長了，子女一個個長大，理論上，我太太要操煩的事比較少了，但她就是仍會不斷忙碌。她工作再忙，也不忘吸收資訊。印象中，她天天都會看報紙，聰慧的她，能夠看出什麼新聞和我們的事業有關，例如國家發生什麼事，有什麼新的政策變動，是不是因此會影響到建材價格等等。她和我配合得天衣無縫，她的資訊提點，每每有助於我的事業決策。到晚年，兒女都外出發展事業了，她還是保持看報的習慣，她會關心美元和台幣，還有日經指數，各種金融數據等等，然後把她分析的情報和我聊。我們就這樣，既是好夫妻，也是最佳事業夥伴，她從年輕陪我到老。

我的太太熱愛學習，終身勤奮上進，像中老年時候，我也把建設事業交棒給下一代，她卻沒有清閒下來，而是有機會就想學新東西。例如早上五六點，她會外出運動，看到有人在跳元極舞，她也會好奇，然後去學。或者看到人家練氣功，她會去了解。晚年時，她在學佛，她的認真程度，真的讓人感動，她不是做做樣子，唸唸經而已，像唸大悲咒，她就專心的配合錄音帶，反覆不斷的聽，邊聽邊用心跟著唸。

她這一生就是很勤儉，很忙碌，很讓人懷念，很值得敬佩。

七、小孩教育生活點滴

說起日夜奔忙的日子記得有一次爭取一個建案，當時爭取這個建案的公司很多，有的人開賓士或名牌豪華轎車，有的騎機車，我則是開一台 TOYOTA。後來我拿到那個案子，客戶跟我說，在所有拜訪的人中，我最平實，所以把案子給我。後來當人家聽到我全年無休，都不太相信。像有一次我蓋屋時，有人聽說我除了農曆春節有休，其它平常日子裡，連周日我都不休息的，那地主大老闆不相信，竟然還跟我打賭，賭我不會全年無休，輸的人要請兩桌酒席，我就真的跟他賭。那次的建案，是我和那位老闆以合建的方式合作。

結果辛苦一年下來，那老闆說他真心的佩服我，我還真的全年無休，每天從早忙到晚。那年代我還年輕力壯，一年到頭也從不生病，身體好，天天工作。願賭服輸，那老闆就真的叫了兩桌酒席，大家一起坐下來乾杯暢談。當然，雖說那老闆要請，最後錢是我出的，只是由他來辦，因爲我們是他委託的營造商，哪有讓老闆請客的事。最後賓主盡歡。大家吃得喜氣洋洋。這是那時候的一件趣事。

再來回想家庭生活，我和太太雖然全年無休，但工作要顧，家庭也不會忽略。那時我們家是透天的房子，就是整個從上到下打通的，沒有公用梯，都是自家樓層出入。那是個四層樓房，我樓下租給人賣衣服，因爲我們家那一帶是賣衣服的市集。我們自己則住二三四層。

板橋在現代算是新北市的行政中心，熱鬧繁華，但當年我住埔墘，當時這裡和台北市生活環境還是有差。比較上，我們這裡仍算是鄉下，台北那裡才是都市。如果小孩子要唸書，一般都還是想法子把戶口遷過去，讓小孩在台北市接受教育。

我的六個小孩都讀老松國小，那年代也是大家搶著要進去的，而且一所學校學生非常多，是當時全台灣學生最多的學校之一。

由於小孩子不是在板橋唸書，上下課自然要通學了。我的小孩們就是天天從埔墘搭車到和平西路，到老松國小上下課，不像現代很多人坐轎車。

有一次，我的第二女兒，不知是坐車睡著還是想事情恍神沒注意，當車子到到了埔墘站，她竟沒下車，就一直隨車坐下去，彼時車子已經開到三峽，在半路上，她越看窗外越不知道這是什麼地方，心中一害怕就大哭了起。那年代，還有車掌小姐，她看到這小妹妹在哭，便跑來問她，小妹妹妳怎麼了。我女兒就她邊哭邊說她要回家。還好之前我在家有訓練，要孩子們背起來家裡的地址在哪，當時我女兒說跟車掌小姐說她住埔墘幾巷幾號。她這一說，車掌就知道她過站了，現在都已到三峽。

同一時間，我和太太在家也著急得要命，那時代不但沒有手機，連電話也都還沒那麼普及，那時電話還是用手搖式的，由電信局代接。那一天我緊張得半死，先是打去公路局總局，再轉到板橋站，我說有個小孩應該幾點回來卻沒回來，他們人也很好，就一班車一班車的追問，最後打去三峽站，終於問到了。然後他們告訴我，說請我放心，小孩沒問題，現在已經由車掌顧著，人安全地在三峽，我們的心才放下來。

之後有跟站長通上電話，他跟我說要我大概幾點幾分，過來站牌等，記得這回要在反方向等。果然，時間差不多時，車子來了，我終於等到我女兒。我那時也問我女兒，她回程的狀況，她有描述她和車掌的對話，去程和回程都是同一個車掌，她陪著我女兒，直到確定快到站時，提醒我女兒要到站了，並問她，妳到站後知道路嗎？我女兒點點頭，於是到站後我女兒就下車，一下車就看到我。

當時那車掌並沒有一起下來接受我的道謝，我到今天還不知道她的名字，印象中，這是那一整個年代的社會風氣，整個的就是很純樸，人人都很親切善良，不像現代要防這防那的。所謂民風純樸，就是那年代的寫照。

提起小孩的上學，還有一件趣事。我那六個小孩，都不曾讀過幼稚園，我的作法，是「提前一年」送他們去唸小學。在小孩上學前，家中是由岳母帶小孩，到了四五歲，差不多要上學年齡，但還沒收到入學通知前一年，我都會去跟學校講好，可否讓我的小朋友一起唸，我們學費照付，她們也和其它學生同樣買衣服，只是上面不鏽學號。等於是變相的，讓老師代爲照顧我的小孩。然後等一年過去，正式要唸小學了，他們再繼續依舊從一年級開始，等於他們小學一年級都唸兩次。話說回來，那年代，不像現在連小學生都有升學壓力，彼時的小學低年級，與其說在唸書，不如說一群小朋友在玩，我也等於是先送小孩子去加入群體生活，只是不唸幼稚園，而是直接唸小學而已。

當然，現在不可能這樣，在那年代沒管那麼嚴，所以可以。當年老松國小是名校，爲了讓小孩讀名校，我們一開始就要將學籍遷到那邊，不然他們也不能收。

我們很重視可以讓小孩入學，當年要唸書學校也沒那麼多，不像現代學校太多，多到有的學校學生太少，都快廢校了。那年代一班擠五六十個，老松國小有一萬多個學生。

轉眼間，小孩子也都一個個大了，唸大學出國深造就業有成等等，連孫子都大了，這就是人生。而我雖然平日都有監督小孩，但那些小孩人小鬼大，還是有些事瞞著我，是等他們後來長大才跟我說的。我的大女兒，在成長成爲青少女後，有一天和我坦誠，她小時候，有過「偷雞摸狗」的經驗，那時候，小孩子上學我每天都會給他們固定車資，每個人有自己的一份。我那大女兒，當時就很聰明，在上學路上她負責帶著我最小的孩子一起，上學時段，人比較多，她和我家老么，一上公車，由她負責拿票給車掌剪，小的那個趁亂擠進車裡，逃過剪票。如此，就省下一筆車資，然後我那大女兒，會將這「省下」的錢，拿去買枝仔冰吃，也和老么串通好，回家不要跟爸媽講。直到多年後，她「回憶」起這段往事，才和爸媽說，我聽了真是哭笑不得。

這是我那幾個小孩成長時代的趣事。

郭家的六個可愛小孩（民國五十三年）

小孩在野柳拍照，從照片中可看出民國五十四年，女王頭的脖子還很粗

八、教養子女的方法

有關小孩子的成長歲月，有些事我也是後來他們長大，和我聊我才知曉的，非常的有趣。

在他們求學的時代，每天都要搭車從我家去萬華的老松國小上課。那年代基本上坐大眾運輸上學有兩個選擇，一個是搭台北客運，一個是搭台灣省公路局客運。票價有差，台北客運比較貴，印象中票價要一塊半，相對地，公路局只要五角，但開車會繞遠路。我都選擇讓孩子搭台北客運，每天給他們每人三元。我後來才知道，我的孩子受到我們影響，也懂得省錢，像前面說過，大姐和小妹搭車時，有時候小妹妹會逃票。而哥哥的作法就不一樣了，哥哥會和車掌爭辯，會和他們說，我的妹妹才那麼小年紀，不要收票啦！據理力爭。現在想想，我兒子當時自己也還是小學生，只為了省一塊半，就勇敢地和大人爭論，而我也知道他是孝順的，因為他心中想的是，如果能為爸媽省一塊半也是好的。

我的子女們，從小就會互相照顧，上學是一個照顧一個，由於他們年齡間隔很近，上課也在一起方便照看。不過由於高年級和低年級的下課時間不同，有時候低年級的妹妹為了要等高年級的姐姐，就會在教師辦公室等，我的小女兒到今天都還記得，她小時候在教師室等待的時刻，會爬到椅子去玩老師的辮子，那情景歷歷在目，她回憶起來就會想笑。

對於我的六個小孩，我當然是非常疼愛的。但我主張的方式不是溺愛，而是要從小就做好教育。像我在日常生活中，從細微處就要培養他們認真負責，以及獨立自主的能力。

前面說過，他們假日都要協助清理家務，兩個兩個一組，我會嚴格檢查，絕不是讓他們做做樣子，若我檢查後覺得不乾淨，絕不寬怠，會要他們再去清理乾淨，連廁所馬桶也一樣，都仔細的洗刷。但相對地，他們的表現很認真，我也會給他們獎勵，例如帶他們去外頭餐廳吃好料的，或者買進口好吃的餅干給他們。

每天我規定，早上一定要早起，上學時候更不用說，就算假日，我也是一大早就把他們挖起來，之後看是要做家事或做功課都行，就是不要早晨就睡大覺。

當孩子們年紀大一點，我就要他們兩個兩個一組，去發海報。那年代，沒有什麼廣告代銷公司，房子都是自蓋自售，我們自己印海報，在周邊社區住宅發送，我就讓孩子在假日時磨練。他們帶著海報，要真的一戶一戶去放信箱。

我的孩子初始還會怕怕的，因爲會看到很多陌生人，並且要走很遠的路，但一次兩次就磨練出來，他們學會吃苦，並在過程中了解爸媽經營事業的辛苦。初期他們還覺得爸媽怎麼放任他們在陌生路上行走，但後來他們其實有發現到，他們並不孤單，我其實偷偷跟在他們後面，一方面是看他們有沒有混水摸魚，有沒有實實在在的一戶戶去發，一方面當然也是照看他們的安全。

說來好笑，我就這樣週週跟在後面，還以爲他們不知道，但後來才知曉，我那聰明的小孩，早就發現了爸爸遠遠跟在後面，只是他們故意裝做不知道，不要讓爸爸尷尬。

當然小孩子難免貪玩，有時候會投機取巧，這我都看在眼裡，不會準許，因爲從細微處沒做好，養成壞習慣，長大就會演變成大問題。例如我讓小孩分組打掃家務，好比說我規定每天五點半開始打掃，彼時他們都下課回家了，我還在工地忙。有時候，小孩子會想，反正大人不在，就去偷懶看電視，等到時間差不多，爸媽快回來了，再趕快裝作在忙的樣子。但我和太太其實都看得出來，當我們一回到家，看看打掃的狀況，就知道小孩們中間有沒有摸魚，若有問題，我們就當場糾正，要他們千萬不要投機取巧。

而類似這樣的刻意磨練，我是持續在進行著的，所以我的孩子長大後，當要進入建設事業，絕不是從頭學起，他們是從小就真的了解著行業，也完全知道他們父母是怎麼經營的。不只是和建築有關的商業技能，他們也從小養成勤儉習慣，像我們家習慣經常去檢閱工地，會在地上揀拾師傅遺落在地上的建材，那些都是在施工中零碎的材料，或者不小心掉下來的木料釘子等，我們揀回去後，整理匯聚後，還是可以再用。平常唸書，我和太太除了時時督促他們學校課業外，也會鼓勵他們念國語日報，學作文，在假日和

看著小孩成長，是郭永福內心深深的幸福

他們相處時，我會選一篇文章，好比說，若我小孩是國小三年級，我就選一篇三年級學生寫的文章，要他唸誦，若有字唸錯，或不知意思，我就會問他們，是否在校不認真，否則為何同樣程度的文章唸不好。

當孩子升學，唸到大學畢，我會問他們，是要繼續深造，還是工作。只能選一種，不能偷懶。如果選擇不再深造，那沒有第二句話，第二天就要開始投入職場，我的小孩，當他們在校時，我就已讓他們在寒暑假參與打工，女生會依著媽媽的介紹，去金融界工讀，男生呢！自然和我去工地見習。

現在幾個小孩都在各行各業有所成就，我的兩個兒子把建設事業經營得很好，我的女兒也各有一片天，像環德電子就是業界的一個典範。看著子女有成，我這做父親的，也不枉這一輩子對他們的教導。

九、儉樸年代的生活記憶

回憶從前的生活，有很多難忘的事，很多現代人想像不到的，認為我們那年代生活太不便了，但我們甘之如貽，也一路走了過來。

例如，現代人很難想像，如今我們肚子餓了隨便去便利商店就可買個關東煮熱食吃，在我們那年代，要吃東西前，要經過很多步驟，首先，你必須要生火，那年代連瓦斯都沒有，所謂生火，絕不是轉個開關，甚至按個按扭就行。那些生火的器材，包含爐灶以及火種等等，就算現代都準備好擺在你面前，你也很難生出火來。

除了火是一個問題，水也是問題。民國四〇、五〇年代，或許台北市地區，比較有自來水管路，但像板橋埔墘這樣的鄉下地方，當然不會有自來水。那時板橋也只有現在板橋新站所在地那一帶才有自來水，其它地方，就只能靠井水了。

現代人都是以看古蹟的心情，來看一口口的井。但在五〇年代，那可是大家的生存命脈。那時要建立一個生活場域，前提就是要開口井，包括我們永福建設，要蓋房子時，從施工階段就必須鑿井，因爲在工作期間，不論是混水泥，或者工人日用，在在都需要用到水。開井主要是要連接到地下水，不是隨便在地上鑿個洞下面就有水，要找水需要專業，因此那年代都要請師父來打井，他會來探勘，探出水源地，在地上畫一個圓圈，再請打井專家來打井，一個工地會打好幾處，因爲工地都是粗活，不可能大老遠橫跨很長距離來挑水，所以看工地大小，要打好幾個井，以一千多坪來說，至少要打三個井。

在三、四十年代，遇到井的深淺不一，有的水源比較深的，井要跟著挖深，那技術面就很大，必須要邊挖邊固定邊牆，免得崩蹋。而當房子蓋好後，有的沒用井就會塡掉，但有的則會繼續保留給住戶。以永福建設首批蓋的房子來說，當初就有挖井，當然幾十年下來，井也差不多廢掉了，若還保存著，就可以變成古蹟了。

用水很辛勞，要去井裡挑，若井水遠些，挑著桶子走遠路也是苦差事。現代人難以想像。但水的問題，也許辛苦點就可以得到。但火的問題，是即便辛苦都不一定得到，好比說，叫現代人去灶邊點火，肯定弄得一身黑，也只得到滿廚的熏。那年代，要燃火，但也要顧到經濟效益，不是說，每次起火都丟一堆炭進去，那一天三餐，耗得可多了，彼時家庭不會那麼浪費。那時有種叫作「粘炭」（日本話，即煤球）的東西，那時已經有機器生產，會出品一塊一塊的粘炭，這種炭可以用很久，放在灶下，用火一引，就可以燃起來煮東西，而一餐通常燃不完，尚由餘炭，彼時就會將灶口關起來，讓灶裡缺氧，少了氧，炭就燃不起來了，但並沒有完全熄滅。就這樣放著，等到下一餐要煮的時候，把灶門打開，空氣一流通，炭火就又會旺起來，如此，又可以煮一餐了。通常，一個粘炭可以煮兩頓飯。這也是古早人的一種智慧。

在缺少電力的時代，很多現代覺得舉手就可完成的事，在那年代卻是一種困難的任務。舉個例子來說，現在要保存食物，很簡單，就打開冰箱放進去就好，連三四歲小孩都會，但古早年代當然沒冰箱，那時候要保存食物，有什麼秘訣呢？

那年代都是用菜櫥，現在在一些古蹟保留場域，還會看到那個年代的菜櫥，在克勤克儉的時代，飯菜吃完是捨不得丟的，一定就會放在菜櫥裡，留待下一餐再吃。除了菜櫥外，另有一種更簡單的，叫做桌罩，就是一個外表像個半圓球體的罩子，早期是用竹子做的，後來發展成主題結構是紗網的設計，就好像一般蚊帳的那種材料，那年代當吃完飯後，就拿個桌罩，罩在桌上防蒼蠅，其實就連現代也都還看得到。因爲那設計很方便，就一個半圓體，往餐桌蓋上去就對了。

沒有冰箱，電視也是比較晚期才有，在我家是先有電視才有冰箱。那時候我們家算是比較早買電視的人家，記得一個家裡有了電視，左鄰右舍都會依起跑來看。彼時雖然工作很忙，但晚上還是會看一下新聞，所謂第一代的電視主播，就是現在差不多已經算是國寶的盛竹如先生，印象中，那是有電視以來第一個主播，那時代他還很年輕，講話斯文咬字清楚，那時還是黑白電視，我閉起眼回憶都還記得那時的畫面。最早時候只有台視，過了幾年才有中視，又再過幾年才有華視。當時我們的政府，還是比較封建制度，不是民主。三家電視，台視是省政府的、中視是國民黨的、華視是教育部的，民間沒有半家，所謂媒體開放，已經是好多好多年後的事。

其實想想，真正的民主媒體自由到今天也沒幾年。你感覺好像過了很久了，每天媒體紛紛擾擾的，什麼 SNG，什麼五花八門沒事找事播的新聞。大家都對這樣的熱鬧理所當然，但其實，這樣的媒體、黨禁、報禁等開放，到今天二〇一四年，也才發展近二十幾年的事，以一個四十歲的人來說，他目前人生大部份時候都仍處在威權體制下，而對四五十歲以上的人來說，所謂民主開放更是很後面的事了。只是人都會習慣於環境，習慣於已經得到的，當處在這樣環境下，視爲理所當然，忘記這一路走來，也是有他的艱辛。

想想，就算到民國七〇年代，我都已經五十歲，彼時還在戒嚴呢！但戒嚴歸戒嚴，我們人民仍勤苦做事，一草一木的建設事業，教養孩子成人。那年代，我教養孩子的方式，是讓他們學著自己做事，如自己掃地，自己整理好自己的環境。但除了督促工作外，我也會給孩子獎勵，所謂獎勵，不是給他們大錢，而是大約每三個月，就帶他們去吃好料的。那時最出名的日本料理，位在中山堂附近，叫麗都，那家餐廳現在還在，只是比起現代化的各種大飯店，已經比較沒那麼有名了，可是在當年，那裡是銀行界的人常去吃飯的地方。而要吃西餐就去波麗路，那餐廳現在也還在。當年我犒賞家人，就會去這兩家吃。

提起吃東西，以前年代家家戶戶都很省，以我自己來說，雖然當年建設事業已經站穩腳步逐步發展，我日常生活也是很省儉。如前所說，偶爾才全家去餐廳吃一頓好料。那年代的人，常會去買鹹魚來吃，不是因爲愛吃鹹魚，而是因爲鹹魚的味道重，可以比較下飯，有時候就是去這樣舔一口舔一口，讓嘴巴得到滿足。可省下很多菜錢。現代人哪有在吃鹹魚，其實還是有，但不是沒錢人在啃的，相反地，反而要去那種高級的日本料理才吃得到，還真是典型的「鹹魚翻身」。

那年代唯一吃好料的日子，就是等初一、十五，跟隨著拜拜的時節，因爲祭拜天兵天將，我們老百姓也就順便享口福，在普通時根本沒法那麼享受。但要說真的有那麼窮嗎？其實也不至於，但就是大家都很省，一塊一塊的省，手中已經有一塊了，內心就在想，那再多省一塊吧！整個社會風氣就是想儲蓄。這種風氣持續很久，其也正好是台灣經濟起飛，成爲台灣奇蹟的那年代。當然，現代早已不是那樣了，不記得大約什麼時候，也許是信用卡開時盛行後，人們觀念才開始改爲不儲蓄，而是要提前預約未來，其實是「預支未來」。時至今日，台灣整個經濟不佳，其關計鍵因素就在於人們已經失去古早時代那種勤儉之風。當人心沉淪了，要想再創美好時光，就難上加難了。

十、投入電子產業

這裡要介紹一下我事業的另一支，就是璟德電子。

成立於民國八十七年的璟德公司，是國內第一家利用低溫共燒陶瓷（LTCC）技術，

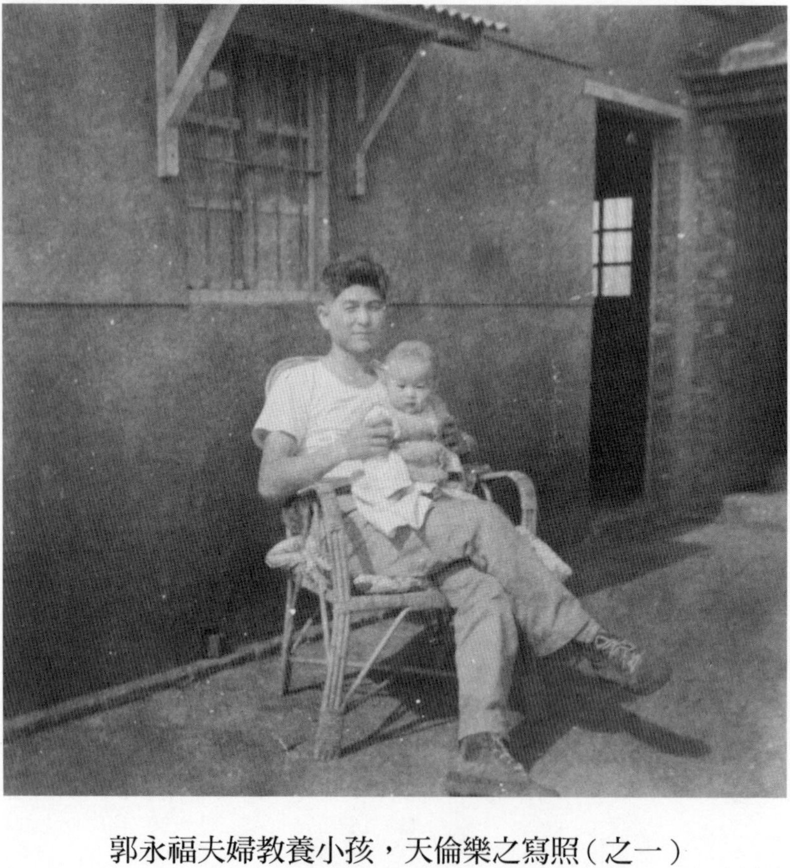

郭永福夫婦教養小孩，天倫樂之寫照(之一)
與長子合影，彼時他尚未投入建設事業

郭永福夫婦教養小孩，天倫樂之寫照（之二）

研發與製造無線通訊元件與模組，其已於民國九十七年正式上櫃，因爲擁有尖端的技術，抓得住時代的脈動，業務蒸蒸日上。

說起電子事業，其和我本身的建設事業，似乎是八竿子打不在一起，完全不同領域的產業。其實最早時候，會參與這個事業，源於一種憂心，大概在民國八十一、八十二年代左右，那年代我邊蓋房子，邊有著憂慮的想法，我那時很擔心房子一直蓋一直蓋，總有一天會蓋完，當蓋完時怎麼辦，我會不會沒工作可做。現代當然知道，房子會老舊，舊地可以都更重蓋，永遠蓋不完，但當時就是有這種擔心，所以就會想到，要另外開發一個新事業。

當時我的女兒和女婿都在美國唸書，畢業後也直接在美國工作。再經過一段時間，清華大學說要一個教授，和我女婿連絡，問他有沒有要回來教學，台灣這邊說有個缺，這回若放棄以後很難再有，我女婿想想，就決定全家回來，於是他就在清華大學教書。一開始就讓他當副教授，約教了四五年就變正教授。我是在那時才常和他聊的，我就跟他說，你在研究的那東西，是不是有什麼商機，若有，我們可以來合作什麼。我本身是不懂電子這類的專業領域，但我卻懂得做生意，知道若掌握領先技術，是有機會可以在台灣開創新的事業機會。那年代還沒有流行什麼「藍芽」，但過幾年後，台灣就開始流行藍芽了，我才知道，我那時候說服我女婿的，就是投入藍芽市場。

就是因爲這樣的契機，他後來真的投入創業，開創了環德電子。原本他的個性是比較學術味的，他在教書之餘，也會擔任其它公司的技術顧問，比較像是學者，不是企業家。但終究他擁有技術，不發展實在浪費，而當時學校也鼓勵建教合作，我女婿有著材料工程的專業，在陶土領域更是國內頂尖。當八〇年代，我在想是否要做些什麼，和他商量後，後來就朝這方面發展。

其實一開始我女婿也不是那麼有興趣，他的個性喜歡研究不擅長經營事業，但經不住我一直說服，他就說好吧，我來做，就這樣成立環德電子。他研究的產品，現在和大家密切相關，就是我們在講手機時，裡頭很多重要的零組件，很可能就是環德電子研發的。現代人人手一隻的手機，其背後牽涉到很多學問，不是任一家公司可以獨攬的，就中每個細部，都占了很重要的影響力，你可以說，若手機拿掉一個小零件，不影響通話啊！但就是會。而當那個小零件的技術，是別家所沒有的時候，那擁有該技術的公司就有很大的獲利空間。環德電子的技術，就算在世界市場上也是很高的技術，我們的技術還銷去美國，爲國爭光。

講到環德電子就要提到我女兒了，我女兒還真的完全繼承我的家風，並且青出於藍更勝於藍。身爲郭家人，她也養成了勤儉的習慣，她平常就很省，也不愛穿名牌，只是因爲畢竟是科技人，會參加一些重要場合，如國科會研討會等，她才爲此準備了幾件比較符合國際禮儀的衣服。

璟德電子成立時，主要技術是我女婿的，但談到經營管理，完全是我郭家一脈相傳的女兒，真的將管理實力大幅發揮。目前璟德電子的董事長就是我女兒，在資金部份，剛開始我是大股東，後來有其它公司陸續參與，以技術合作爲名等加入，我這邊只好股權釋出。

說起我女兒，這位璟德電子董事長，還真是省錢省到家。從以前到現代，每一年的董監事大會，不論是去台北，或是在新竹開會，也不論是不是現場有遠自美國來的股東代表。每一次，她開會準備的中餐，就是一個五十元的便當，不誇張，比一般上班族中午吃飯的預算還少。現在上市上櫃公司哪家是這樣的，我想應該沒有，一般開會，若不是選在高級大飯店，大家大吃一頓，至少也會叫來頂級的外燴。但璟德電子董監事會就是這樣，五十元便當，每次都這樣。

我女兒省成這樣，甚至我可以說，自公司開業以來，一次也沒有以公司的名義請我們吃過飯。一般對於大股東，也會有應酬，去餐廳吃一下飯等等，我女兒都沒有。我有時候小小抱怨一下，對我女兒說妳也太省了吧！她一句回來我就無言了，她就說「還不是你教的」。我就沒話說了。

其實她也有她的道理，她不是硬摳，而是當用則用，璟德電子在研發設備以及員工福利上都有一定的水準，但非必要的領域，例如應酬送禮等，就能省則省。對於董監事會議，她說得也有道理，她說可以吃就好，只是自己人討論公司事務，又不是招待國賓。並且五十元便當內容也很好啊！有雞腿有荷包蛋，也有菜啊！何必吃到上百元以上那麼好，便當可以吃就好。

所以說，怪不得璟德電子會賺錢，股利不錯，並且很久以來都這樣，整體趨勢只有往上，不會衰退。而且整個公司體質非常良好，完全沒負債，真的喔！一毛負債都沒有。所以我都告訴我朋友，若要投資，不是我老王賣瓜自賣自誇，投資璟德電子真的不會錯。

技術方面，我女婿他這個人真的不簡單，現在是國際搶手的人才。每當市場提出一個新需求，以他技術頂尖功力，可以趕在市場業者前面發展出來。一般來說，研發是很麻煩的，必須要突破很多障礙，而他經常可以一年內研發出來，真的非常能幹。也因爲技術門檻那麼高，所以公司毛利高。而璟德電子研發費用比重高，裡面的幹部最低都至少是碩士。裡頭碩博士一堆，人才濟濟，有材料工程領域，有化學領域，各種科目都有，有專題項目，就一起研究，這樣才能最快發展出技術。

我的女婿目前仍在清大教書，他的身份是教授，他不只教大學部，也教研究所，他的學生不是博士就是碩士。由於公司發展的需要，他每隔一段時間就會借調到企業，基本上清大也會同意，因爲這算產學合作。而我雖然是他的岳父，也要按照正常流程借調，當他被借調，就不能再領學校那邊的薪水，要改領璟德電子這邊的薪水。一般借調，最短一年，最長兩年，滿了還是要回去。我女婿也很厲害，身兼數職，他又要做教授，又要做研發，還要做產品介紹。他那種產品說明不是一般業務員在推銷商品那種，因爲璟德電子的產品是很具技術性很專業的東西，這不是一般業務可以勝任，一定要他本人去說明才有用。

總之璟德電子的發展，講起來是很高科技的層面，但回歸到最原始的發展，那就是掌握商機，適時拓展市場。我本身當然不懂技術，我只有當初要建廠時或人事有參與，還有董事會有參與，會提供大方向。技術我比較不懂，但是我可以提出遠見。這也是另一種形式的專業分工。

環德電子工業獲得國家磐石獎

採橘子

尾聲

回首這一生，我從無到有創立了永福建設，從年輕時代到現代二十一世紀，我也見證了一頁頁台灣經濟發展史。

但不論從事各行各業，我想要說的，人要本持著一顆誠摯的心，人在做天在看，我們郭家一直敬重神明，敬重祖先，同時也敬重自己，表現在事業上，就是穩扎穩打，勤守本份。

我很幸運，娶到一個賢內助，帶給我興旺的事業，以及幸福的家庭。

我的幾個小孩，也都在不同領域發展有成。

我的兩個兒子，都繼承我的事業，持續拓展永福建設機構的版圖，他們都用心投注心力在建設事業及不動產管理。女婿也都是在社會上有傑出地位，受人尊重的人物。

永福建設現在分成很多事業部，我的長子負責建設事業部份，次子則是投資租賃部份。對於我其它事業，我的兩個兒子也都參與，像長子參與和益化工的經營，次子則是參與璟德電子的事務。

現在的我已經完全退休，只是像璟德電子的董事會，我還會去參與，永福建設機構這邊，有問題也都會來和我請益。

回首這一生，我不敢說有什麼大成就，但至少，我的所作所爲都對得起自己，也對得起郭家歷代祖先。對於這個社會，我不敢說有大貢獻，但至少在板橋地區我有留下一些足跡，蓋了許多好房子，帶給許多家庭幸福。

我每常說，我的人生，就是一個起厝的人生。一棟房子要穩固，根基就要打得深扎得穩，這樣才能打造一個好的房屋基礎。但僅僅是這樣還是不夠的，房子蓋得過程，每部份都要用心，不可有哪一部份稍有懈怠，更絕不可以偷工減料，兢兢業業，用心有成。這樣，人生這棟房子，才能住得安心，住得長久。

感謝天感謝祖宗，賜我一個這麼好的人生，這麼好的厝。

願子子孫孫，永遠惜福，永遠幸福。

國家圖書館出版品預行編目資料

起厝的傳奇人生——郭永福的建築哲學/ 郭永福 著　--初版--
臺北市：博客思出版事業網：2014.4
ISBN：978-986-5789-10-7（軟精裝）

1.郭永福 2.臺灣傳記
783.3886　　102022553

企業家傳記 1

起厝的傳奇人生——郭永福的建築哲學

作　　者：郭永福
美　　編：諶家玲
封面設計：諶家玲
執行編輯：張加君
出 版 者：博客思出版事業網
發　　行：博客思出版事業網
地　　址：台北市中正區重慶南路1段121號8樓14
電　　話：(02)2331-1675或(02)2331-1691
傳　　真：(02)2382-6225
E—MAIL：books5w@gmail.com
網路書店：http://bookstv.com.tw/
http://store.pchome.com.tw/yesbooks/
博客來網路書店、博客思網路書店、華文網路書店、三民書局
總 經 銷：成信文化事業股份有限公司
劃撥戶名：蘭臺出版社　帳號：18995335
香港代理：香港聯合零售有限公司
地　　址：香港新界大蒲汀麗路36號中華商務印刷大樓
C&C Building, 36,Ting, Lai, Road, Tai,Po, New,Territories
電　　話：(852)2150-2100　傳真：(852)2356-0735
總 經 銷：廈門外圖集團有限公司
地　　址：廈門市湖裡區悅華路8號4樓
電　　話：86-592-2230177
傳　　真：86-592-5365089
出版日期：2014年4月 初版
定　　價：新臺幣320元整（軟精裝）
ISBN：978-986-5789-10-7